COREANO
VOCABULARIO

PALABRAS MÁS USADAS

ESPAÑOL-
COREANO

Las palabras más útiles
Para expandir su vocabulario y refinar
sus habilidades lingüísticas

5000 palabras

Vocabulario Español-Coreano - 5000 palabras más usadas
por Andrey Taranov

Los vocabularios de T&P Books buscan ayudar en el aprendizaje, la memorización y la revisión de palabras de idiomas extranjeros. El diccionario se divide por temas, cubriendo toda la esfera de las actividades cotidianas, de negocios, ciencias, cultura, etc.

El proceso de aprendizaje de palabras utilizando los diccionarios temáticos de T&P Books le proporcionará a usted las siguientes ventajas:

- La información del idioma secundario está organizada claramente y predetermina el éxito para las etapas subsiguientes en la memorización de palabras.
- Las palabras derivadas de la misma raíz se agrupan, lo cual permite la memorización de grupos de palabras en vez de palabras aisladas.
- Las unidades pequeñas de palabras facilitan el proceso de reconocimiento de enlaces de asociación que se necesitan para la cohesión del vocabulario.
- De este modo, se puede estimar el número de palabras aprendidas y así también el nivel de conocimiento del idioma.

Copyright © 2024 T&P Books Publishing

Todos los derechos reservados. Ninguna porción de este libro puede reproducirse o utilizarse de ninguna manera o por ningún medio; sea electrónico o mecánico, lo cual incluye la fotocopia, grabación o información almacenada y sistemas de recuperación, sin el permiso escrito de la editorial.

T&P Books Publishing
www.tpbooks.com

ISBN: 978-1-78616-559-6

Este libro está disponible en formato electrónico o de E-Book también.
Visite www.tpbooks.com o las librerías electrónicas más destacadas en la Red.

VOCABULARIO COREANO
palabras más usadas

Los vocabularios de T&P Books buscan ayudar al aprendiz a aprender, memorizar y repasar palabras de idiomas extranjeros. Los vocabularios contienen más de 5000 palabras comúnmente usadas y organizadas de manera temática.

- El vocabulario contiene las palabras corrientes más usadas.
- Se recomienda como ayuda adicional a cualquier curso de idiomas.
- Capta las necesidades de aprendices de nivel principiante y avanzado.
- Es conveniente para uso cotidiano, prácticas de revisión y actividades de auto-evaluación.
- Facilita la evaluación del vocabulario.

Aspectos claves del vocabulario

- Las palabras se organizan según el significado, no según el orden alfabético.
- Las palabras se presentan en tres columnas para facilitar los procesos de repaso y auto-evaluación.
- Los grupos de palabras se dividen en pequeñas secciones para facilitar el proceso de aprendizaje.
- El vocabulario ofrece una transcripción sencilla y conveniente de cada palabra extranjera.

El vocabulario contiene 155 temas que incluyen lo siguiente:

Conceptos básicos, números, colores, meses, estaciones, unidades de medidas, ropa y accesorios, comida y nutrición, restaurantes, familia nuclear, familia extendida, características de personalidad, sentimientos, emociones, enfermedades, la ciudad y el pueblo, exploración del paisaje, compras, finanzas, la casa, el hogar, la oficina, el trabajo en oficina, importación y exportación, promociones, búsqueda de trabajo, deportes, educación, computación, la red, herramientas, la naturaleza, los países, las nacionalidades y más ...

TABLA DE CONTENIDO

GUÍA DE PRONUNCIACIÓN	9
ABREVIATURAS	11

CONCEPTOS BÁSICOS 12
Conceptos básicos. Unidad 1 12

1. Los pronombres 12
2. Saludos. Salutaciones. Despedidas 12
3. Como dirigirse a otras personas 13
4. Números cardinales. Unidad 1 13
5. Números cardinales. Unidad 2 14
6. Números ordinales 15
7. Números. Fracciones 15
8. Números. Operaciones básicas 15
9. Números. Miscelánea 15
10. Los verbos más importantes. Unidad 1 16
11. Los verbos más importantes. Unidad 2 17
12. Los verbos más importantes. Unidad 3 18
13. Los verbos más importantes. Unidad 4 19
14. Los colores 20
15. Las preguntas 20
16. Las preposiciones 21
17. Las palabras útiles. Los adverbios. Unidad 1 21
18. Las palabras útiles. Los adverbios. Unidad 2 23

Conceptos básicos. Unidad 2 25

19. Los días de la semana 25
20. Las horas. El día y la noche 25
21. Los meses. Las estaciones 26
22. Las unidades de medida 28
23. Contenedores 29

EL SER HUMANO 30
El ser humano. El cuerpo 30

24. La cabeza 30
25. El cuerpo 31

La ropa y los accesorios 32

26. La ropa exterior. Los abrigos 32
27. Ropa de hombre y mujer 32

28. La ropa. La ropa interior	33
29. Gorras	33
30. El calzado	33
31. Accesorios personales	34
32. La ropa. Miscelánea	34
33. Productos personales. Cosméticos	35
34. Los relojes	36

La comida y la nutrición	**37**
35. La comida	37
36. Las bebidas	38
37. Las verduras	39
38. Las frutas. Las nueces	40
39. El pan. Los dulces	41
40. Los platos	41
41. Las especias	42
42. Las comidas	43
43. Los cubiertos	44
44. El restaurante	44

La familia nuclear, los parientes y los amigos	**45**
45. La información personal. Los formularios	45
46. Los familiares. Los parientes	45

La medicina	**47**
47. Las enfermedades	47
48. Los síntomas. Los tratamientos. Unidad 1	48
49. Los síntomas. Los tratamientos. Unidad 2	49
50. Los síntomas. Los tratamientos. Unidad 3	50
51. Los médicos	51
52. La medicina. Las drogas. Los accesorios	51

EL AMBIENTE HUMANO	**52**
La ciudad	**52**
53. La ciudad. La vida en la ciudad	52
54. Las instituciones urbanas	53
55. Los avisos	54
56. El transporte urbano	55
57. El turismo. La excursión	56
58. Las compras	57
59. El dinero	58
60. La oficina de correos	59

La vivienda. La casa. El hogar	**60**
61. La casa. La electricidad	60

62. La villa. La mansión	60
63. El apartamento	60
64. Los muebles. El interior	61
65. Los accesorios de cama	62
66. La cocina	62
67. El baño	63
68. Los aparatos domésticos	64

LAS ACTIVIDADES DE LA GENTE   65
El trabajo. Los negocios. Unidad 1   65

69. La oficina. El trabajo de oficina	65
70. Los procesos de negocio. Unidad 1	66
71. Los procesos de negocio. Unidad 2	67
72. La producción. Los trabajos	68
73. El contrato. El acuerdo	69
74. Importación y exportación	70
75. Las finanzas	70
76. La mercadotecnia	71
77. La publicidad	71
78. La banca	72
79. El teléfono. Las conversaciones telefónicas	73
80. El teléfono celular	73
81. Los artículos de escritorio. La papelería	74
82. Tipos de negocios	74

El trabajo. Los negocios. Unidad 2   77

83. La exhibición. La feria comercial	77
84. La ciencia. La investigación. Los científicos	78

Las profesiones y los oficios   79

85. La búsqueda de trabajo. El despido	79
86. Los negociantes	79
87. Los trabajos de servicio	80
88. La profesión militar y los rangos	81
89. Los oficiales. Los sacerdotes	82
90. Las profesiones agrícolas	82
91. Las profesiones artísticas	83
92. Profesiones diversas	83
93. Los trabajos. El estatus social	85

La educación   86

94. La escuela	86
95. Los institutos. La Universidad	87
96. Las ciencias. Las disciplinas	88
97. Los sistemas de escritura. La ortografía	88
98. Los idiomas extranjeros	89

El descanso. El entretenimiento. El viaje 91

99. Las vacaciones. El viaje 91
100. El hotel 91

EL EQUIPO TÉCNICO. EL TRANSPORTE 93
El equipo técnico 93

101. El computador 93
102. El internet. El correo electrónico 94
103. La electricidad 95
104. Las herramientas 95

El transporte 98

105. El avión 98
106. El tren 99
107. El barco 100
108. El aeropuerto 101

Acontecimentos de la vida 103

109. Los días festivos. Los eventos 103
110. Los funerales. El entierro 104
111. La guerra. Los soldados 104
112. La guerra. El ámbito militar. Unidad 1 105
113. La guerra. El ámbito militar. Unidad 2 107
114. Las armas 108
115. Los pueblos antiguos 110
116. La Edad Media 110
117. El líder. El jefe. Las autoridades 112
118. Violar la ley. Los criminales. Unidad 1 113
119. Violar la ley. Los criminales. Unidad 2 114
120. La policía. La ley. Unidad 1 115
121. La policía. La ley. Unidad 2 116

LA NATURALEZA 118
La tierra. Unidad 1 118

122. El espacio 118
123. La tierra 119
124. Los puntos cardinales 120
125. El mar. El océano 120
126. Los nombres de los mares y los océanos 121
127. Las montañas 122
128. Los nombres de las montañas 123
129. Los ríos 123
130. Los nombres de los ríos 124
131. El bosque 124
132. Los recursos naturales 125

La tierra. Unidad 2	127
133. El tiempo	127
134. Los eventos climáticos severos. Los desastres naturales	128

La fauna	129
135. Los mamíferos. Los predadores	129
136. Los animales salvajes	129
137. Los animales domésticos	130
138. Los pájaros	131
139. Los peces. Los animales marinos	132
140. Los anfibios. Los reptiles	133
141. Los insectos	134

La flora	135
142. Los árboles	135
143. Los arbustos	135
144. Las frutas. Las bayas	136
145. Las flores. Las plantas	136
146. Los cereales, los granos	138

LOS PAÍSES. LAS NACIONALIDADES	139
147. Europa occidental	139
148. Europa central y oriental	139
149. Los países de la antes Unión Soviética	140
150. Asia	140
151. América del Norte	141
152. Centroamérica y Sudamérica	141
153. África	142
154. Australia. Oceanía	142
155. Las ciudades	142

GUÍA DE PRONUNCIACIÓN

La letra	Ejemplo coreano	T&P alfabeto fonético	Ejemplo español

Las consonantes

ㄱ	1	개	[k]	charco
ㄱ	2	아기	[g]	jugada
ㄲ		껌	[k]	[k] tensa
ㄴ		눈	[n]	número
ㄷ	3	달	[t]	torre
ㄷ	4	사다리	[d]	desierto
ㄸ		딸	[t]	[t] tensa
ㄹ	5	라디오	[r]	era, alfombra
ㄹ	6	십팔	[l]	lira
ㅁ		문	[m]	nombre
ㅂ	7	봄	[p]	precio
ㅂ	8	아버지	[b]	en barco
ㅃ		빵	[p]	[p] tensa
ㅅ	9	실	[s]	salva
ㅅ	10	옷	[t]	torre
ㅆ		쌀	[ja:]	cambiar
ㅇ	11	강	[ŋ]	gong
ㅈ	12	집	[tɕ]	archivo
ㅈ	13	아주	[dʑ]	tadzhik
ㅉ		짬	[tɕ]	[tch] tenso
ㅊ		차	[tɕh]	[tsch] aspirado
ㅌ		택시	[th]	[t] aspirada
ㅋ		칼	[kh]	[k] aspirada
ㅍ		포도	[ph]	[p] aspirada
ㅎ		한국	[h]	registro

Las vocales y las combinaciones con vocales

ㅏ	사	[a]	radio
ㅑ	향	[ja]	araña
ㅓ	머리	[ʌ]	¡Basta!

La letra	Ejemplo coreano	T&P alfabeto fonético	Ejemplo español
ㅕ	병	[jɑ]	ensayar
ㅗ	몸	[o]	bordado
ㅛ	표	[jɔ]	yogur
ㅜ	물	[u]	mundo
ㅠ	슈퍼	[ju]	ciudad
ㅡ	음악	[ɪ]	abismo
ㅣ	길	[i], [i:]	tranquilo
ㅐ	뱀	[ɛ], [ɛ:]	buceo
ㅒ	얘기	[je]	miércoles
ㅔ	펜	[e]	verano
ㅖ	계산	[je]	miércoles
ㅘ	왕	[wa]	aduanero
ㅙ	왜	[ʊə]	huerta
ㅚ	회의	[ø], [we]	alemán Hölle, inglés - web
ㅝ	권	[uɔ]	antiguo
ㅞ	웬	[ʊə]	huerta
ㅟ	쥐	[wi]	kiwi
ㅢ	거의	[ɯi]	combinación [ɪi]

Comentarios

¹ al principio de una palabra
² entre sonidos sonoros
³ al principio de una palabra
⁴ entre sonidos sonoros
⁵ al principio de una sílaba
⁶ al final de una sílaba
⁷ al principio de una palabra
⁸ entre sonidos sonoros
⁹ al principio de una sílaba
¹⁰ al final de una sílaba
¹¹ al final de una sílaba
¹² al principio de una palabra
¹³ entre sonidos sonoros

ABREVIATURAS
usadas en el vocabulario

Abreviatura en español

adj	-	adjetivo
adv	-	adverbio
anim.	-	animado
conj	-	conjunción
etc.	-	etcétera
f	-	sustantivo femenino
f pl	-	femenino plural
fam.	-	uso familiar
fem.	-	femenino
form.	-	uso formal
inanim.	-	inanimado
innum.	-	innumerable
m	-	sustantivo masculino
m pl	-	masculino plural
m, f	-	masculino, femenino
masc.	-	masculino
mat	-	matemáticas
mil.	-	militar
num.	-	numerable
p.ej.	-	por ejemplo
pl	-	plural
pron	-	pronombre
sg	-	singular
v aux	-	verbo auxiliar
vi	-	verbo intransitivo
vi, vt	-	verbo intransitivo, verbo transitivo
vr	-	verbo reflexivo
vt	-	verbo transitivo

CONCEPTOS BÁSICOS

Conceptos básicos. Unidad 1

1. Los pronombres

yo	나, 저	na
tú	너	neo
él	그, 그분	geu, geu-bun
ella	그녀	geu-nyeo
ello	그것	geu-geot
nosotros, -as	우리	u-ri
vosotros, -as	너희	neo-hui
Usted	당신	dang-sin
ellos, ellas	그들	geu-deul

2. Saludos. Salutaciones. Despedidas

¡Hola! (fam.)	안녕!	an-nyeong!
¡Hola! (form.)	안녕하세요!	an-nyeong-ha-se-yo!
¡Buenos días!	안녕하세요!	an-nyeong-ha-se-yo!
¡Buenas tardes!	안녕하세요!	an-nyeong-ha-se-yo!
¡Buenas noches!	안녕하세요!	an-nyeong-ha-se-yo!
decir hola	인사하다	in-sa-ha-da
¡Hola! (a un amigo)	안녕!	an-nyeong!
saludo (m)	인사	in-sa
saludar (vt)	인사하다	in-sa-ha-da
¿Cómo estás?	잘 지내세요?	jal ji-nae-se-yo?
¿Qué hay de nuevo?	어떻게 지내?	eo-tteo-ke ji-nae?
¡Chau! ¡Adiós!	안녕히 가세요!	an-nyeong-hi ga-se-yo!
¡Hasta pronto!	또 만나요!	tto man-na-yo!
¡Adiós! (fam.)	잘 있어!	jal ri-seo!
¡Adiós! (form.)	안녕히 계세요!	an-nyeong-hi gye-se-yo!
despedirse (vr)	작별인사를 하다	jak-byeo-rin-sa-reul ha-da
¡Hasta luego!	안녕!	an-nyeong!
¡Gracias!	감사합니다!	gam-sa-ham-ni-da!
¡Muchas gracias!	대단히 감사합니다!	dae-dan-hi gam-sa-ham-ni-da!
De nada	천만이에요	cheon-man-i-e-yo
No hay de qué	천만의 말씀입니다	cheon-man-ui mal-sseum-im-ni-da
De nada	천만에	cheon-man-e

¡Disculpa!	실례!	sil-lye!
¡Disculpe!	실례합니다!	sil-lye-ham-ni-da!
disculpar (vt)	용서하다	yong-seo-ha-da
disculparse (vr)	사과하다	sa-gwa-ha-da
Mis disculpas	사과드립니다	sa-gwa-deu-rim-ni-da
¡Perdóneme!	죄송합니다!	joe-song-ham-ni-da!
perdonar (vt)	용서하다	yong-seo-ha-da
por favor	부탁합니다	bu-tak-am-ni-da
¡No se le olvide!	잊지 마십시오!	it-ji ma-sip-si-o!
¡Ciertamente!	물론이에요!	mul-lon-i-e-yo!
¡Claro que no!	물론 아니에요!	mul-lon a-ni-e-yo!
¡De acuerdo!	그래요!	geu-rae-yo!
¡Basta!	그만!	geu-man!

3. Como dirigirse a otras personas

señor	선생	seon-saeng
señora	여사님	yeo-sa-nim
señorita	아가씨	a-ga-ssi
joven	젊은 분	jeol-meun bun
niño	꼬마	kko-ma
niña	꼬마	kko-ma

4. Números cardinales. Unidad 1

cero	영	yeong
uno	일	il
dos	이	i
tres	삼	sam
cuatro	사	sa
cinco	오	o
seis	육	yuk
siete	칠	chil
ocho	팔	pal
nueve	구	gu
diez	십	sip
once	십일	si-bil
doce	십이	si-bi
trece	십삼	sip-sam
catorce	십사	sip-sa
quince	십오	si-bo
dieciséis	십육	si-byuk
diecisiete	십칠	sip-chil
dieciocho	십팔	sip-pal
diecinueve	십구	sip-gu
veinte	이십	i-sip
veintiuno	이십일	i-si-bil

veintidós	이십이	i-si-bi
veintitrés	이십삼	i-sip-sam
treinta	삼십	sam-sip
treinta y uno	삼십일	sam-si-bil
treinta y dos	삼십이	sam-si-bi
treinta y tres	삼십삼	sam-sip-sam
cuarenta	사십	sa-sip
cuarenta y uno	사십일	sa-si-bil
cuarenta y dos	사십이	sa-si-bi
cuarenta y tres	사십삼	sa-sip-sam
cincuenta	오십	o-sip
cincuenta y uno	오십일	o-si-bil
cincuenta y dos	오십이	o-si-bi
cincuenta y tres	오십삼	o-sip-sam
sesenta	육십	yuk-sip
sesenta y uno	육십일	yuk-si-bil
sesenta y dos	육십이	yuk-si-bi
sesenta y tres	육십삼	yuk-sip-sam
setenta	칠십	chil-sip
setenta y uno	칠십일	chil-si-bil
setenta y dos	칠십이	chil-si-bi
setenta y tres	칠십삼	chil-sip-sam
ochenta	팔십	pal-sip
ochenta y uno	팔십일	pal-si-bil
ochenta y dos	팔십이	pal-si-bi
ochenta y tres	팔십삼	pal-sip-sam
noventa	구십	gu-sip
noventa y uno	구십일	gu-si-bil
noventa y dos	구십이	gu-si-bi
noventa y tres	구십삼	gu-sip-sam

5. Números cardinales. Unidad 2

cien	백	baek
doscientos	이백	i-baek
trescientos	삼백	sam-baek
cuatrocientos	사백	sa-baek
quinientos	오백	o-baek
seiscientos	육백	yuk-baek
setecientos	칠백	chil-baek
ochocientos	팔백	pal-baek
novecientos	구백	gu-baek
mil	천	cheon
dos mil	이천	i-cheon
tres mil	삼천	sam-cheon

diez mil	만	man
cien mil	십만	sim-man
millón (m)	백만	baeng-man
mil millones	십억	si-beok

6. Números ordinales

primero (adj)	첫 번째의	cheot beon-jjae-ui
segundo (adj)	두 번째의	du beon-jjae-ui
tercero (adj)	세 번째의	se beon-jjae-ui
cuarto (adj)	네 번째의	ne beon-jjae-ui
quinto (adj)	다섯 번째의	da-seot beon-jjae-ui
sexto (adj)	여섯 번째의	yeo-seot beon-jjae-ui
séptimo (adj)	일곱 번째의	il-gop beon-jjae-ui
octavo (adj)	여덟 번째의	yeo-deol beon-jjae-ui
noveno (adj)	아홉 번째의	a-hop beon-jjae-ui
décimo (adj)	열 번째의	yeol beon-jjae-ui

7. Números. Fracciones

fracción (f)	분수	bun-su
un medio	이분의 일	i-bun-ui il
un tercio	삼분의 일	sam-bun-ui il
un cuarto	사분의 일	sa-bun-ui il
un octavo	팔분의 일	pal-bun-ui il
un décimo	십분의 일	sip-bun-ui il
dos tercios	삼분의 이	sam-bun-ui i
tres cuartos	사분의 삼	sa-bun-ui sam

8. Números. Operaciones básicas

sustracción (f)	빼기	ppae-gi
sustraer (vt)	빼다	ppae-da
división (f)	나누기	na-nu-gi
dividir (vt)	나누다	na-nu-da
adición (f)	더하기	deo-ha-gi
sumar (totalizar)	합하다	ha-pa-da
adicionar (vt)	더하다	deo-ha-da
multiplicación (f)	곱하기	go-pa-gi
multiplicar (vt)	곱하다	go-pa-da

9. Números. Miscelánea

cifra (f)	숫자	sut-ja
número (m) (~ cardinal)	숫자	sut-ja

numeral (m)	수사	su-sa
menos (m)	마이너스	ma-i-neo-seu
más (m)	플러스	peul-leo-seu
fórmula (f)	공식	gong-sik
cálculo (m)	계산	gye-san
contar (vt)	세다	se-da
calcular (vt)	헤아리다	he-a-ri-da
comparar (vt)	비교하다	bi-gyo-ha-da
¿Cuánto? (innum.)	얼마?	eol-ma?
¿Cuánto? (num.)	얼마나?	eo-di-ro?
suma (f)	총합	chong-hap
resultado (m)	결과	gyeol-gwa
resto (m)	나머지	na-meo-ji
algunos, algunas ...	몇	myeot
poco (adv)	조금	jo-geum
resto (m)	나머지	na-meo-ji
uno y medio	일과 이분의 일	il-gwa i-bun-ui il
docena (f)	다스	da-seu
en dos	반으로	ba-neu-ro
en partes iguales	균등하게	gyun-deung-ha-ge
mitad (f)	절반	jeol-ban
vez (f)	번	beon

10. Los verbos más importantes. Unidad 1

abrir (vt)	열다	yeol-da
acabar, terminar (vt)	끝내다	kkeun-nae-da
aconsejar (vt)	조언하다	jo-eon-ha-da
adivinar (vt)	추측하다	chu-cheuk-a-da
advertir (vt)	경고하다	gyeong-go-ha-da
alabarse, jactarse (vr)	자랑하다	ja-rang-ha-da
almorzar (vi)	점심을 먹다	jeom-si-meul meok-da
alquilar (~ una casa)	임대하다	im-dae-ha-da
amenazar (vt)	협박하다	hyeop-bak-a-da
arrepentirse (vr)	후회하다	hu-hoe-ha-da
ayudar (vt)	도와주다	do-wa-ju-da
bañarse (vr)	수영하다	su-yeong-ha-da
bromear (vi)	농담하다	nong-dam-ha-da
buscar (vt)	... 를 찾다	... reul chat-da
caer (vi)	떨어지다	tteo-reo-ji-da
callarse (vr)	침묵을 지키다	chim-mu-geul ji-ki-da
cambiar (vt)	바꾸다	ba-kku-da
castigar, punir (vt)	처벌하다	cheo-beol-ha-da
cavar (vt)	파다	pa-da
cazar (vi, vt)	사냥하다	sa-nyang-ha-da
cenar (vi)	저녁을 먹다	jeo-nyeo-geul meok-da
cesar (vt)	그만두다	geu-man-du-da

coger (vt)	잡다	jap-da
comenzar (vt)	시작하다	si-jak-a-da
comparar (vt)	비교하다	bi-gyo-ha-da
comprender (vt)	이해하다	i-hae-ha-da
confiar (vt)	신뢰하다	sil-loe-ha-da
confundir (vt)	혼동하다	hon-dong-ha-da
conocer (~ a alguien)	알다	al-da
contar (vt) (enumerar)	세다	se-da
contar con ...	... 에 의지하다	... e ui-ji-ha-da
continuar (vt)	계속하다	gye-sok-a-da
controlar (vt)	제어하다	je-eo-ha-da
correr (vi)	달리다	dal-li-da
costar (vt)	값이 ... 이다	gap-si ... i-da
crear (vt)	창조하다	chang-jo-ha-da

11. Los verbos más importantes. Unidad 2

dar (vt)	주다	ju-da
dar una pista	힌트를 주다	hin-teu-reul ju-da
decir (vt)	말하다	mal-ha-da
decorar (para la fiesta)	장식하다	jang-sik-a-da
defender (vt)	방어하다	bang-eo-ha-da
dejar caer	떨어뜨리다	tteo-reo-tteu-ri-da
desayunar (vi)	아침을 먹다	a-chi-meul meok-da
descender (vi)	내려오다	nae-ryeo-o-da
dirigir (administrar)	운영하다	u-nyeong-ha-da
disculparse (vr)	사과하다	sa-gwa-ha-da
discutir (vt)	의논하다	ui-non-ha-da
dudar (vt)	의심하다	ui-sim-ha-da
encontrar (hallar)	찾다	chat-da
engañar (vi, vt)	속이다	so-gi-da
entrar (vi)	들어가다	deu-reo-ga-da
enviar (vt)	보내다	bo-nae-da
equivocarse (vr)	실수하다	sil-su-ha-da
escoger (vt)	선택하다	seon-taek-a-da
esconder (vt)	숨기다	sum-gi-da
escribir (vt)	쓰다	sseu-da
esperar (aguardar)	기다리다	gi-da-ri-da
esperar (tener esperanza)	희망하다	hui-mang-ha-da
estar de acuerdo	동의하다	dong-ui-ha-da
estudiar (vt)	공부하다	gong-bu-ha-da
exigir (vt)	요구하다	yo-gu-ha-da
existir (vi)	존재하다	jon-jae-ha-da
explicar (vt)	설명하다	seol-myeong-ha-da
faltar (a las clases)	결석하다	gyeol-seok-a-da
firmar (~ el contrato)	서명하다	seo-myeong-ha-da

girar (~ a la izquierda)	돌다	dol-da
gritar (vi)	소리치다	so-ri-chi-da
guardar (conservar)	보관하다	bo-gwan-ha-da
gustar (vi)	좋아하다	jo-a-ha-da
hablar (vi, vt)	말하다	mal-ha-da
hacer (vt)	하다	ha-da
informar (vt)	알리다	al-li-da
insistir (vi)	주장하다	ju-jang-ha-da
insultar (vt)	모욕하다	mo-yok-a-da
interesarse (vr)	··· 에 관심을 가지다	... e gwan-si-meul ga-ji-da
invitar (vt)	초대하다	cho-dae-ha-da
ir (a pie)	가다	ga-da
jugar (divertirse)	놀다	nol-da

12. Los verbos más importantes. Unidad 3

leer (vi, vt)	읽다	ik-da
liberar (ciudad, etc.)	해방하다	hae-bang-ha-da
llamar (por ayuda)	부르다, 요청하다	bu-reu-da, yo-cheong-ha-da
llegar (vi)	도착하다	do-chak-a-da
llorar (vi)	울다	ul-da
matar (vt)	죽이다	ju-gi-da
mencionar (vt)	언급하다	eon-geu-pa-da
mostrar (vt)	보여주다	bo-yeo-ju-da
nadar (vi)	수영하다	su-yeong-ha-da
negarse (vr)	거절하다	geo-jeol-ha-da
objetar (vt)	반대하다	ban-dae-ha-da
observar (vt)	지켜보다	ji-kyeo-bo-da
oír (vt)	듣다	deut-da
olvidar (vt)	잊다	it-da
orar (vi)	기도하다	gi-do-ha-da
ordenar (mil.)	명령하다	myeong-nyeong-ha-da
pagar (vi, vt)	지불하다	ji-bul-ha-da
pararse (vr)	정지하다	jeong-ji-ha-da
participar (vi)	참가하다	cham-ga-ha-da
pedir (ayuda, etc.)	부탁하다	bu-tak-a-da
pedir (en restaurante)	주문하다	ju-mun-ha-da
pensar (vi, vt)	생각하다	saeng-gak-a-da
percibir (ver)	알아차리다	a-ra-cha-ri-da
perdonar (vt)	용서하다	yong-seo-ha-da
permitir (vt)	허가하다	heo-ga-ha-da
pertenecer a ...	··· 에 속하다	... e sok-a-da
planear (vt)	계획하다	gye-hoek-a-da
poder (v aux)	할 수 있다	hal su it-da
poseer (vt)	소유하다	so-yu-ha-da
preferir (vt)	선호하다	seon-ho-ha-da

preguntar (vt)	묻다	mut-da
preparar (la cena)	요리하다	yo-ri-ha-da
prever (vt)	예상하다	ye-sang-ha-da
probar, tentar (vt)	해보다	hae-bo-da
prometer (vt)	약속하다	yak-sok-a-da
pronunciar (vt)	발음하다	ba-reum-ha-da
proponer (vt)	제안하다	je-an-ha-da
quebrar (vt)	깨뜨리다	kkae-tteu-ri-da
quejarse (vr)	불평하다	bul-pyeong-ha-da
querer (amar)	사랑하다	sa-rang-ha-da
querer (desear)	원하다	won-ha-da

13. Los verbos más importantes. Unidad 4

recomendar (vt)	추천하다	chu-cheon-ha-da
regañar, reprender (vt)	꾸짖다	kku-jit-da
reírse (vr)	웃다	ut-da
repetir (vt)	반복하다	ban-bok-a-da
reservar (~ una mesa)	예약하다	ye-yak-a-da
responder (vi, vt)	대답하다	dae-da-pa-da
robar (vt)	훔치다	hum-chi-da
saber (~ algo mas)	알다	al-da
salir (vi)	나가다	na-ga-da
salvar (vt)	구조하다	gu-jo-ha-da
seguir ...	... 를 따라가다	... reul tta-ra-ga-da
sentarse (vr)	앉다	an-da
ser necesario	필요하다	pi-ryo-ha-da
significar (vt)	의미하다	ui-mi-ha-da
sonreír (vi)	미소를 짓다	mi-so-reul jit-da
sorprenderse (vr)	놀라다	nol-la-da
subestimar (vt)	과소평가하다	gwa-so-pyeong-ga-ha-da
tener (vt)	가지다	ga-ji-da
tener hambre	배가 고프다	bae-ga go-peu-da
tener miedo	무서워하다	mu-seo-wo-ha-da
tener prisa	서두르다	seo-du-reu-da
tener sed	목마르다	mong-ma-reu-da
tirar, disparar (vi)	쏘다	sso-da
tocar (con las manos)	닿다	da-ta
tomar (vt)	잡다	jap-da
tomar nota	적다	jeok-da
trabajar (vi)	일하다	il-ha-da
traducir (vt)	번역하다	beo-nyeok-a-da
unir (vt)	연합하다	yeon-ha-pa-da
vender (vt)	팔다	pal-da
ver (vt)	보다	bo-da
volar (pájaro, avión)	날다	nal-da

14. Los colores

color (m)	색	sae
matiz (m)	색조	saek-jo
tono (m)	색상	saek-sang
arco (m) iris	무지개	mu-ji-gae
blanco (adj)	흰	huin
negro (adj)	검은	geo-meun
gris (adj)	회색의	hoe-sae-gui
verde (adj)	초록색의	cho-rok-sae-gui
amarillo (adj)	노란	no-ran
rojo (adj)	빨간	ppal-gan
azul (adj)	파란	pa-ran
azul claro (adj)	하늘색의	ha-neul-sae-gui
rosa (adj)	분홍색의	bun-hong-sae-gui
naranja (adj)	주황색의	ju-hwang-sae-gui
violeta (adj)	보라색의	bo-ra-sae-gui
marrón (adj)	갈색의	gal-sae-gui
dorado (adj)	금색의	geum-sae-gui
argentado (adj)	은색의	eun-sae-gui
beige (adj)	베이지색의	be-i-ji-sae-gui
crema (adj)	크림색의	keu-rim-sae-gui
turquesa (adj)	청록색의	cheong-nok-sae-gui
rojo cereza (adj)	암적색의	am-jeok-sae-gui
lila (adj)	연보라색의	yeon-bo-ra-sae-gui
carmesí (adj)	진홍색의	jin-hong-sae-gui
claro (adj)	밝은	bal-geun
oscuro (adj)	짙은	ji-teun
vivo (adj)	선명한	seon-myeong-han
de color (lápiz ~)	색의	sae-gui
en colores (película ~)	컬러의	keol-leo-ui
blanco y negro (adj)	흑백의	heuk-bae-gui
unicolor (adj)	단색의	dan-sae-gui
multicolor (adj)	다색의	da-sae-gui

15. Las preguntas

¿Quién?	누구?	nu-gu?
¿Qué?	무엇?	mu-eot?
¿Dónde?	어디?	eo-di?
¿Adónde?	어디로?	eo-di-ro?
¿De dónde?	어디로부터?	eo-di-ro-bu-teo?
¿Cuándo?	언제?	eon-je?
¿Para qué?	왜?	wae?
¿Por qué?	왜?	wae?
¿Por qué razón?	무엇을 위해서?	mu-eos-eul rwi-hae-seo?

¿Cómo?	어떻게?	eo-tteo-ke?
¿Qué ...? (~ color)	어떤?	eo-tteon?
¿Cuál?	어느?	eo-neu?

¿A quién?	누구에게?	nu-gu-e-ge?
¿De quién? (~ hablan ...)	누구에 대하여?	nu-gu-e dae-ha-yeo?
¿De qué?	무엇에 대하여?	mu-eos-e dae-ha-yeo?
¿Con quién?	누구하고?	nu-gu-ha-go?

| ¿Cuánto? | 얼마? | eol-ma? |
| ¿De quién? (~ es este ...) | 누구의? | nu-gu-ui? |

16. Las preposiciones

con ... (~ algn)	··· 하고	... ha-go
sin ... (~ azúcar)	없이	eop-si
a ... (p.ej. voy a México)	··· 에	... e
de ... (hablar ~)	··· 에 대하여	... e dae-ha-yeo
antes de ...	전에	jeon-e
delante de ...	··· 앞에	... a-pe

debajo	밑에	mi-te
sobre ..., encima de ...	위에	wi-e
en, sobre (~ la mesa)	위에	wi-e
de (origen)	··· 에서	... e-seo
de (fabricado de)	··· 로	... ro

| dentro de ... | ··· 안에 | ... a-ne |
| encima de ... | 너머 | dwi-e |

17. Las palabras útiles. Los adverbios. Unidad 1

¿Dónde?	어디?	eo-di?
aquí (adv)	여기	yeo-gi
allí (adv)	거기	geo-gi

| en alguna parte | 어딘가 | eo-din-ga |
| en ninguna parte | 어디도 | eo-di-do |

| junto a ... | 옆에 | yeo-pe |
| junto a la ventana | 창문 옆에 | chang-mun nyeo-pe |

¿A dónde?	어디로?	eo-di-ro?
aquí (venga ~)	여기로	yeo-gi-ro
allí (vendré ~)	거기로	geo-gi-ro
de aquí (adv)	여기서	yeo-gi-seo
de allí (adv)	거기서	geo-gi-seo

cerca (no lejos)	가까이	ga-kka-i
lejos (adv)	멀리	meol-li
cerca de ...	근처에	geun-cheo-e
al lado (de ...)	인근에	in-geu-ne

no lejos (adv)	멀지 않게	meol-ji an-ke
izquierdo (adj)	왼쪽의	oen-jjo-gui
a la izquierda (situado ~)	왼쪽에	oen-jjo-ge
a la izquierda (girar ~)	왼쪽으로	oen-jjo-geu-ro
derecho (adj)	오른쪽의	o-reun-jjo-gui
a la derecha (situado ~)	오른쪽에	o-reun-jjo-ge
a la derecha (girar)	오른쪽으로	o-reun-jjo-geu-ro
delante (yo voy ~)	앞쪽에	ap-jjo-ge
delantero (adj)	앞의	a-pui
adelante (movimiento)	앞으로	a-peu-ro
detrás de ...	뒤에	dwi-e
desde atrás	뒤에서	dwi-e-seo
atrás (da un paso ~)	뒤로	dwi-ro
centro (m), medio (m)	가운데	ga-un-de
en medio (adv)	가운데에	ga-un-de-e
de lado (adv)	옆에	yeo-pe
en todas partes	모든 곳에	mo-deun gos-e
alrededor (adv)	주위에	ju-wi-e
de dentro (adv)	내면에서	nae-myeon-e-seo
a alguna parte	어딘가에	eo-din-ga-e
todo derecho (adv)	똑바로	ttok-ba-ro
atrás (muévelo para ~)	뒤로	dwi-ro
de alguna parte (adv)	어디에서든지	eo-di-e-seo-deun-ji
no se sabe de dónde	어디로부터인지	eo-di-ro-bu-teo-in-ji
primero (adv)	첫째로	cheot-jjae-ro
segundo (adv)	둘째로	dul-jjae-ro
tercero (adv)	셋째로	set-jjae-ro
de súbito (adv)	갑자기	gap-ja-gi
al principio (adv)	처음에	cheo-eum-e
por primera vez	처음으로	cheo-eu-meu-ro
mucho tiempo antes ...	... 오래 전에	... o-rae jeon-e
de nuevo (adv)	다시	da-si
para siempre (adv)	영원히	yeong-won-hi
jamás, nunca (adv)	절대로	jeol-dae-ro
de nuevo (adv)	다시	da-si
ahora (adv)	이제	i-je
frecuentemente (adv)	자주	ja-ju
entonces (adv)	그때	geu-ttae
urgentemente (adv)	급히	geu-pi
usualmente (adv)	보통으로	bo-tong-eu-ro
a propósito, ...	그건 그렇고, ...	geu-geon geu-reo-ko, ...
es probable	가능한	ga-neung-han
probablemente (adv)	아마	a-ma
tal vez	어쩌면	eo-jjeo-myeon
además ...	게다가 ...	ge-da-ga ...

por eso ...	그래서 ...	geu-rae-seo ...
a pesar de ...	... 에도 불구하고	... e-do bul-gu-ha-go
gracias a ...	... 덕분에	... deok-bun-e
algo (~ le ha pasado)	무엇인가	mu-eon-nin-ga
algo (~ así)	무엇이든지	mu-eon-ni-deun-ji
nada (f)	아무것도	a-mu-geot-do
alguien (viene ~)	누구	nu-gu
alguien (¿ha llamado ~?)	누군가	nu-gun-ga
nadie	아무도	a-mu-do
a ninguna parte	아무데도	a-mu-de-do
de nadie	누구의 것도 아닌	nu-gu-ui geot-do a-nin
de alguien	누군가의	nu-gun-ga-ui
tan, tanto (adv)	그래서	geu-rae-seo
también (~ habla francés)	역시	yeok-si
también (p.ej. Yo ~)	또한	tto-han

18. Las palabras útiles. Los adverbios. Unidad 2

¿Por qué?	왜?	wae?
no se sabe porqué	어떤 이유로	eo-tteon ni-yu-ro
porque ...	왜냐하면 ...	wae-nya-ha-myeon ...
por cualquier razón (adv)	어떤 목적으로	eo-tteon mok-jeo-geu-ro
y (p.ej. uno y medio)	그리고	geu-ri-go
o (p.ej. té o café)	또는	tto-neun
pero (p.ej. me gusta, ~)	그러나	geu-reo-na
para (p.ej. es para ti)	위해서	wi-hae-seo
demasiado (adv)	너무	neo-mu
sólo, solamente (adv)	... 만	... man
exactamente (adv)	정확하게	jeong-hwak-a-ge
unos ..., cerca de ... (~ 10 kg)	약	yak
aproximadamente	대략	dae-ryak
aproximado (adj)	대략적인	dae-ryak-jeo-gin
casi (adv)	거의	geo-ui
resto (m)	나머지	na-meo-ji
cada (adj)	각각의	gak-ga-gui
cualquier (adj)	아무	a-mu
mucho (adv)	많이	ma-ni
muchos (mucha gente)	많은 사람들	ma-neun sa-ram-deul
todos	모두	mo-du
a cambio de ...	... 의 교환으로	... ui gyo-hwa-neu-ro
en cambio (adv)	교환으로	gyo-hwa-neu-ro
a mano (hecho ~)	수공으로	su-gong-eu-ro
poco probable	거의	geo-ui
probablemente	아마	a-ma

a propósito (adv)	일부러	il-bu-reo
por accidente (adv)	우연히	u-yeon-hi
muy (adv)	아주	a-ju
por ejemplo (adv)	예를 들면	ye-reul deul-myeon
entre (~ nosotros)	사이에	sa-i-e
entre (~ otras cosas)	중에	jung-e
tanto (~ gente)	이만큼	i-man-keum
especialmente (adv)	특히	teuk-i

Conceptos básicos. Unidad 2

19. Los días de la semana

lunes (m)	월요일	wo-ryo-il
martes (m)	화요일	hwa-yo-il
miércoles (m)	수요일	su-yo-il
jueves (m)	목요일	mo-gyo-il
viernes (m)	금요일	geu-myo-il
sábado (m)	토요일	to-yo-il
domingo (m)	일요일	i-ryo-il
hoy (adv)	오늘	o-neul
mañana (adv)	내일	nae-il
pasado mañana	모레	mo-re
ayer (adv)	어제	eo-je
anteayer (adv)	그저께	geu-jeo-kke
día (m)	낮	nat
día (m) de trabajo	근무일	geun-mu-il
día (m) de fiesta	공휴일	gong-hyu-il
día (m) de descanso	휴일	hyu-il
fin (m) de semana	주말	ju-mal
todo el día	하루종일	ha-ru-jong-il
al día siguiente	다음날	da-eum-nal
dos días atrás	이틀 전	i-teul jeon
en vísperas (adv)	전날	jeon-nal
diario (adj)	일간의	il-ga-nui
cada día (adv)	매일	mae-il
semana (f)	주	ju
semana (f) pasada	지난 주에	ji-nan ju-e
semana (f) que viene	다음 주에	da-eum ju-e
semanal (adj)	주간의	ju-ga-nui
cada semana (adv)	매주	mae-ju
2 veces por semana	일주일에 두번	il-ju-i-re du-beon
todos los martes	매주 화요일	mae-ju hwa-yo-il

20. Las horas. El día y la noche

mañana (f)	아침	a-chim
por la mañana	아침에	a-chim-e
mediodía (m)	정오	jeong-o
por la tarde	오후에	o-hu-e
noche (f)	저녁	jeo-nyeok
por la noche	저녁에	jeo-nyeo-ge

noche (f) (p.ej. 2:00 a.m.)	밤	bam
por la noche	밤에	bam-e
medianoche (f)	자정	ja-jeong
segundo (m)	초	cho
minuto (m)	분	bun
hora (f)	시	si
media hora (f)	반시간	ban-si-gan
cuarto (m) de hora	십오분	si-bo-bun
quince minutos	십오분	si-bo-bun
veinticuatro horas	이십사시간	i-sip-sa-si-gan
salida (f) del sol	일출	il-chul
amanecer (m)	새벽	sae-byeok
madrugada (f)	이른 아침	i-reun a-chim
puesta (f) del sol	저녁 노을	jeo-nyeok no-eul
de madrugada	이른 아침에	i-reun a-chim-e
esta mañana	오늘 아침에	o-neul ra-chim-e
mañana por la mañana	내일 아침에	nae-il ra-chim-e
esta tarde	오늘 오후에	o-neul ro-hu-e
por la tarde	오후에	o-hu-e
mañana por la tarde	내일 오후에	nae-il ro-hu-e
esta noche (p.ej. 8:00 p.m.)	오늘 저녁에	o-neul jeo-nyeo-ge
mañana por la noche	내일 밤에	nae-il bam-e
a las tres en punto	3시 정각에	se-si jeong-ga-ge
a eso de las cuatro	4시쯤에	ne-si-jjeu-me
para las doce	12시까지	yeoldu si-kka-ji
dentro de veinte minutos	20분 안에	isib-bun na-ne
dentro de una hora	한 시간 안에	han si-gan na-ne
a tiempo (adv)	제시간에	je-si-gan-e
... menos cuarto	... 십오 분	... si-bo bun
durante una hora	한 시간 내에	han si-gan nae-e
cada quince minutos	15분 마다	sibo-bun ma-da
día y noche	하루종일	ha-ru-jong-il

21. Los meses. Las estaciones

enero (m)	일월	i-rwol
febrero (m)	이월	i-wol
marzo (m)	삼월	sam-wol
abril (m)	사월	sa-wol
mayo (m)	오월	o-wol
junio (m)	유월	yu-wol
julio (m)	칠월	chi-rwol
agosto (m)	팔월	pa-rwol
septiembre (m)	구월	gu-wol
octubre (m)	시월	si-wol

noviembre (m)	십일월	si-bi-rwol
diciembre (m)	십이월	si-bi-wol

primavera (f)	봄	bom
en primavera	봄에	bom-e
de primavera (adj)	봄의	bom-ui

verano (m)	여름	yeo-reum
en verano	여름에	yeo-reum-e
de verano (adj)	여름의	yeo-reu-mui

otoño (m)	가을	ga-eul
en otoño	가을에	ga-eu-re
de otoño (adj)	가을의	ga-eu-rui

invierno (m)	겨울	gyeo-ul
en invierno	겨울에	gyeo-u-re
de invierno (adj)	겨울의	gyeo-ul

mes (m)	월, 달	wol, dal
este mes	이번 달에	i-beon da-re
al mes siguiente	다음 달에	da-eum da-re
el mes pasado	지난 달에	ji-nan da-re

hace un mes	한달 전에	han-dal jeon-e
dentro de un mes	한 달 안에	han dal ra-ne
dentro de dos meses	두 달 안에	du dal ra-ne
todo el mes	한 달 내내	han dal lae-nae
todo un mes	한달간 내내	han-dal-gan nae-nae

mensual (adj)	월간의	wol-ga-nui
mensualmente (adv)	매월, 매달	mae-wol, mae-dal
cada mes	매달	mae-dal
dos veces por mes	한 달에 두 번	han da-re du beon

año (m)	년	nyeon
este año	올해	ol-hae
el próximo año	내년	nae-nyeon
el año pasado	작년	jang-nyeon

hace un año	일년 전	il-lyeon jeon
dentro de un año	일 년 안에	il lyeon na-ne
dentro de dos años	이 년 안에	i nyeon na-ne
todo el año	한 해 전체	han hae jeon-che
todo un año	일년 내내	il-lyeon nae-nae

cada año	매년	mae-nyeon
anual (adj)	연간의	yeon-ga-nui
anualmente (adv)	매년	mae-nyeon
cuatro veces por año	일년에 네 번	il-lyeon-e ne beon

fecha (f) (la ~ de hoy es …)	날짜	nal-jja
fecha (f) (~ de entrega)	월일	wo-ril
calendario (m)	달력	dal-lyeok
medio año (m)	반년	ban-nyeon
seis meses	육개월	yuk-gae-wol

| estación (f) | 계절 | gye-jeol |
| siglo (m) | 세기 | se-gi |

22. Las unidades de medida

peso (m)	무게	mu-ge
longitud (f)	길이	gi-ri
anchura (f)	폭, 너비	pok, neo-bi
altura (f)	높이	no-pi
profundidad (f)	깊이	gi-pi
volumen (m)	부피	bu-pi
área (f)	면적	myeon-jeok

gramo (m)	그램	geu-raem
miligramo (m)	밀리그램	mil-li-geu-raem
kilogramo (m)	킬로그램	kil-lo-geu-raem
tonelada (f)	톤	ton
libra (f)	파운드	pa-un-deu
onza (f)	온스	on-seu

metro (m)	미터	mi-teo
milímetro (m)	밀리미터	mil-li-mi-teo
centímetro (m)	센티미터	sen-ti-mi-teo
kilómetro (m)	킬로미터	kil-lo-mi-teo
milla (f)	마일	ma-il

pulgada (f)	인치	in-chi
pie (m)	피트	pi-teu
yarda (f)	야드	ya-deu

| metro (m) cuadrado | 제곱미터 | je-gom-mi-teo |
| hectárea (f) | 헥타르 | hek-ta-reu |

litro (m)	리터	ri-teo
grado (m)	도	do
voltio (m)	볼트	bol-teu
amperio (m)	암페어	am-pe-eo
caballo (m) de fuerza	마력	ma-ryeok

cantidad (f)	수량, 양	su-ryang, yang
un poco de …	… 조금	… jo-geum
mitad (f)	절반	jeol-ban

| docena (f) | 다스 | da-seu |
| pieza (f) | 조각 | jo-gak |

| dimensión (f) | 크기 | keu-gi |
| escala (f) (del mapa) | 축척 | chuk-cheok |

mínimo (adj)	최소의	choe-so-ui
el más pequeño (adj)	가장 작은	ga-jang ja-geun
medio (adj)	중간의	jung-gan-ui
máximo (adj)	최대의	choe-dae-ui
el más grande (adj)	가장 큰	ga-jang keun

23. Contenedores

tarro (m) de vidrio	유리병	yu-ri-byeong
lata (f)	캔, 깡통	kaen, kkang-tong
cubo (m)	양동이	yang-dong-i
barril (m)	통	tong

palangana (f)	대야	dae-ya
tanque (m)	탱크	taeng-keu
petaca (f) (de alcohol)	휴대용 술병	hyu-dae-yong sul-byeong
bidón (m) de gasolina	통	tong
cisterna (f)	탱크	taeng-keu

taza (f) (mug de cerámica)	머그컵	meo-geu-keop
taza (f) (~ de café)	컵	keop
platillo (m)	받침 접시	bat-chim jeop-si
vaso (m) (~ de agua)	유리잔	yu-ri-jan
copa (f) (~ de vino)	와인글라스	wa-in-geul-la-seu
olla (f)	냄비	naem-bi

botella (f)	병	byeong
cuello (m) de botella	병목	byeong-mok

garrafa (f)	디캔터	di-kaen-teo
jarro (m) (~ de agua)	물병	mul-byeong
recipiente (m)	용기	yong-gi
tarro (m)	항아리	hang-a-ri
florero (m)	화병	hwa-byeong

frasco (m) (~ de perfume)	향수병	hyang-su-byeong
frasquito (m)	약병	yak-byeong
tubo (m)	튜브	tyu-beu

saco (m) (~ de azúcar)	자루	ja-ru
bolsa (f) (~ plástica)	봉투	bong-tu
paquete (m) (~ de cigarrillos)	갑	gap

caja (f)	박스	bak-seu
cajón (m) (~ de madera)	상자	sang-ja
cesta (f)	바구니	ba-gu-ni

EL SER HUMANO

El ser humano. El cuerpo

24. La cabeza

cabeza (f)	머리	meo-ri
cara (f)	얼굴	eol-gul
nariz (f)	코	ko
boca (f)	입	ip
ojo (m)	눈	nun
ojos (m pl)	눈	nun
pupila (f)	눈동자	nun-dong-ja
ceja (f)	눈썹	nun-sseop
pestaña (f)	속눈썹	song-nun-sseop
párpado (m)	눈꺼풀	nun-kkeo-pul
lengua (f)	혀	hyeo
diente (m)	이	i
labios (m pl)	입술	ip-sul
pómulos (m pl)	광대뼈	gwang-dae-ppyeo
encía (f)	잇몸	in-mom
paladar (m)	입천장	ip-cheon-jang
ventanas (f pl)	콧구멍	kot-gu-meong
mentón (m)	턱	teok
mandíbula (f)	턱	teok
mejilla (f)	뺨, 볼	ppyam, bol
frente (f)	이마	i-ma
sien (f)	관자놀이	gwan-ja-no-ri
oreja (f)	귀	gwi
nuca (f)	뒤통수	dwi-tong-su
cuello (m)	목	mok
garganta (f)	목구멍	mok-gu-meong
pelo, cabello (m)	머리털, 헤어	meo-ri-teol, he-eo
peinado (m)	머리 스타일	meo-ri seu-ta-il
corte (m) de pelo	헤어컷	he-eo-keot
peluca (f)	가발	ga-bal
bigote (m)	콧수염	kot-su-yeom
barba (f)	턱수염	teok-su-yeom
tener (~ la barba)	기르다	gi-reu-da
trenza (f)	땋은 머리	tta-eun meo-ri
patillas (f pl)	구레나룻	gu-re-na-rut
pelirrojo (adj)	빨강머리의	ppal-gang-meo-ri-ui
gris, canoso (adj)	흰머리의	huin-meo-ri-ui

calvo (adj)	대머리인	dae-meo-ri-in
calva (f)	땜통	ttaem-tong
cola (f) de caballo	말총머리	mal-chong-meo-ri
flequillo (m)	앞머리	am-meo-ri

25. El cuerpo

mano (f)	손	son
brazo (m)	팔	pal
dedo (m)	손가락	son-ga-rak
dedo (m) pulgar	엄지손가락	eom-ji-son-ga-rak
dedo (m) meñique	새끼손가락	sae-kki-son-ga-rak
uña (f)	손톱	son-top
puño (m)	주먹	ju-meok
palma (f)	손바닥	son-ba-dak
muñeca (f)	손목	son-mok
antebrazo (m)	전박	jeon-bak
codo (m)	팔꿈치	pal-kkum-chi
hombro (m)	어깨	eo-kkae
pierna (f)	다리	da-ri
planta (f)	발	bal
rodilla (f)	무릎	mu-reup
pantorrilla (f)	종아리	jong-a-ri
cadera (f)	엉덩이	eong-deong-i
talón (m)	발뒤꿈치	bal-dwi-kkum-chi
cuerpo (m)	몸	mom
vientre (m)	배	bae
pecho (m)	가슴	ga-seum
seno (m)	가슴	ga-seum
lado (m), costado (m)	옆구리	yeop-gu-ri
espalda (f)	등	deung
zona (f) lumbar	허리	heo-ri
cintura (f), talle (m)	허리	heo-ri
ombligo (m)	배꼽	bae-kkop
nalgas (f pl)	엉덩이	eong-deong-i
trasero (m)	엉덩이	eong-deong-i
lunar (m)	점	jeom
marca (f) de nacimiento	모반	mo-ban
tatuaje (m)	문신	mun-sin
cicatriz (f)	흉터	hyung-teo

La ropa y los accesorios

26. La ropa exterior. Los abrigos

ropa (f)	옷	ot
ropa (f) de calle	겉옷	geo-tot
ropa (f) de invierno	겨울옷	gyeo-u-rot
abrigo (m)	코트	ko-teu
abrigo (m) de piel	모피 외투	mo-pi oe-tu
abrigo (m) corto de piel	짧은 모피 외투	jjal-beun mo-pi oe-tu
chaqueta (f) plumón	패딩점퍼	pae-ding-jeom-peo
cazadora (f)	재킷	jae-kit
impermeable (m)	트렌치코트	teu-ren-chi-ko-teu
impermeable (adj)	방수의	bang-su-ui

27. Ropa de hombre y mujer

camisa (f)	셔츠	syeo-cheu
pantalones (m pl)	바지	ba-ji
jeans, vaqueros (m pl)	청바지	cheong-ba-ji
chaqueta (f), saco (m)	재킷	jae-kit
traje (m)	양복	yang-bok
vestido (m)	드레스	deu-re-seu
falda (f)	치마	chi-ma
blusa (f)	블라우스	beul-la-u-seu
rebeca (f), chaqueta (f) de punto	니트 재킷	ni-teu jae-kit
chaqueta (f)	재킷	jae-kit
camiseta (f) (T-shirt)	티셔츠	ti-syeo-cheu
pantalones (m pl) cortos	반바지	ban-ba-ji
traje (m) deportivo	운동복	un-dong-bok
bata (f) de baño	목욕가운	mo-gyok-ga-un
pijama (m)	파자마	pa-ja-ma
suéter (m)	스웨터	seu-we-teo
pulóver (m)	폴오버	pu-ro-beo
chaleco (m)	조끼	jo-kki
frac (m)	연미복	yeon-mi-bok
esmoquin (m)	턱시도	teok-si-do
uniforme (m)	제복	je-bok
ropa (f) de trabajo	작업복	ja-geop-bok
mono (m)	작업바지	ja-geop-ba-ji
bata (f) (p. ej. ~ blanca)	가운	ga-un

28. La ropa. La ropa interior

ropa (f) interior	속옷	so-got
camiseta (f) interior	러닝 셔츠	reo-ning syeo-cheu
calcetines (m pl)	양말	yang-mal
camisón (m)	잠옷	jam-ot
sostén (m)	브라	beu-ra
calcetines (m pl) altos	무릎길이 스타킹	mu-reup-gi-ri seu-ta-king
pantimedias (f pl)	팬티 스타킹	paen-ti seu-ta-king
medias (f pl)	밴드 스타킹	baen-deu seu-ta-king
traje (m) de baño	수영복	su-yeong-bok

29. Gorras

gorro (m)	모자	mo-ja
sombrero (m) de fieltro	중절모	jung-jeol-mo
gorra (f) de béisbol	야구 모자	ya-gu mo-ja
gorra (f) plana	플랫캡	peul-laet-kaep
boina (f)	베레모	be-re-mo
capuchón (m)	후드	hu-deu
panamá (m)	파나마 모자	pa-na-ma mo-ja
gorro (m) de punto	니트 모자	ni-teu mo-ja
pañuelo (m)	스카프	seu-ka-peu
sombrero (m) de mujer	여성용 모자	yeo-seong-yong mo-ja
casco (m) (~ protector)	안전모	an-jeon-mo
gorro (m) de campaña	개리슨 캡	gae-ri-seun kaep
casco (m) (~ de moto)	헬멧	hel-met

30. El calzado

calzado (m)	신발	sin-bal
botas (f pl)	구두	gu-du
zapatos (m pl) (~ de tacón bajo)	구두	gu-du
botas (f pl) altas	부츠	bu-cheu
zapatillas (f pl)	슬리퍼	seul-li-peo
tenis (m pl)	운동화	un-dong-hwa
zapatillas (f pl) de lona	스니커즈	seu-ni-keo-jeu
sandalias (f pl)	샌들	saen-deul
zapatero (m)	구둣방	gu-dut-bang
tacón (m)	굽	gup
par (m)	켤레	kyeol-le
cordón (m)	끈	kkeun
encordonar (vt)	끈을 매다	kkeu-neul mae-da

calzador (m) 구둣주걱 gu-dut-ju-geok
betún (m) 구두약 gu-du-yak

31. Accesorios personales

guantes (m pl) 장갑 jang-gap
manoplas (f pl) 벙어리장갑 beong-eo-ri-jang-gap
bufanda (f) 목도리 mok-do-ri

gafas (f pl) 안경 an-gyeong
montura (f) 안경테 an-gyeong-te
paraguas (m) 우산 u-san
bastón (m) 지팡이 ji-pang-i
cepillo (m) de pelo 빗, 솔빗 bit, sol-bit
abanico (m) 부채 bu-chae

corbata (f) 넥타이 nek-ta-i
pajarita (f) 나비넥타이 na-bi-nek-ta-i
tirantes (m pl) 멜빵 mel-ppang
moquero (m) 손수건 son-su-geon

peine (m) 빗 bit
pasador (m) de pelo 머리핀 meo-ri-pin
horquilla (f) 머리핀 meo-ri-pin
hebilla (f) 버클 beo-keul

cinturón (m) 벨트 bel-teu
correa (f) (de bolso) 어깨끈 eo-kkae-kkeun

bolsa (f) 가방 ga-bang
bolso (m) 핸드백 haen-deu-baek
mochila (f) 배낭 bae-nang

32. La ropa. Miscelánea

moda (f) 패션 pae-syeon
de moda (adj) 유행하는 yu-haeng-ha-neun
diseñador (m) de moda 패션 디자이너 pae-syeon di-ja-i-neo

cuello (m) 옷깃 ot-git
bolsillo (m) 주머니, 포켓 ju-meo-ni, po-ket
de bolsillo (adj) 주머니의 ju-meo-ni-ui
manga (f) 소매 so-mae
presilla (f) 거는 끈 geo-neun kkeun
bragueta (f) 바지 지퍼 ba-ji ji-peo

cremallera (f) 지퍼 ji-peo
cierre (m) 조임쇠 jo-im-soe
botón (m) 단추 dan-chu
ojal (m) 단춧 구멍 dan-chut gu-meong
saltar (un botón) 떨어지다 tteo-reo-ji-da
coser (vi, vt) 바느질하다 ba-neu-jil-ha-da

bordar (vt)	수놓다	su-no-ta
bordado (m)	자수	ja-su
aguja (f)	바늘	ba-neul
hilo (m)	실	sil
costura (f)	솔기	sol-gi
ensuciarse (vr)	더러워지다	deo-reo-wo-ji-da
mancha (f)	얼룩	eol-luk
arrugarse (vr)	구겨지다	gu-gyeo-ji-da
rasgar (vt)	찢다	jjit-da
polilla (f)	좀	jom

33. Productos personales. Cosméticos

pasta (f) de dientes	치약	chi-yak
cepillo (m) de dientes	칫솔	chit-sol
limpiarse los dientes	이를 닦다	i-reul dak-da
maquinilla (f) de afeitar	면도기	myeon-do-gi
crema (f) de afeitar	면도용 크림	myeon-do-yong keu-rim
afeitarse (vr)	깎다	kkak-da
jabón (m)	비누	bi-nu
champú (m)	샴푸	syam-pu
tijeras (f pl)	가위	ga-wi
lima (f) de uñas	손톱줄	son-top-jul
cortaúñas (m pl)	손톱깎이	son-top-kka-kki
pinzas (f pl)	족집게	jok-jip-ge
cosméticos (m pl)	화장품	hwa-jang-pum
mascarilla (f)	얼굴 마스크	eol-gul ma-seu-keu
manicura (f)	매니큐어	mae-ni-kyu-eo
hacer la manicura	매니큐어를 칠하다	mae-ni-kyu-eo-reul chil-ha-da
pedicura (f)	페디큐어	pe-di-kyu-eo
bolsa (f) de maquillaje	화장품 가방	hwa-jang-pum ga-bang
polvos (m pl)	분	bun
polvera (f)	콤팩트	kom-paek-teu
colorete (m), rubor (m)	블러셔	beul-leo-syeo
perfume (m)	향수	hyang-su
agua (f) de tocador	화장수	hwa-jang-su
loción (f)	로션	ro-syeon
agua (f) de Colonia	오드콜로뉴	o-deu-kol-lo-nyu
sombra (f) de ojos	아이섀도	a-i-syae-do
lápiz (m) de ojos	아이라이너	a-i-ra-i-neo
rímel (m)	마스카라	ma-seu-ka-ra
pintalabios (m)	립스틱	rip-seu-tik
esmalte (m) de uñas	매니큐어	mae-ni-kyu-eo
fijador (m) para el pelo	헤어 스프레이	he-eo seu-peu-re-i
desodorante (m)	데오도란트	de-o-do-ran-teu

crema (f)	크림	keu-rim
crema (f) de belleza	얼굴 크림	eol-gul keu-rim
crema (f) de manos	핸드 크림	haen-deu keu-rim
crema (f) antiarrugas	주름제거 크림	ju-reum-je-geo keu-rim
de día (adj)	낮의	na-jui
de noche (adj)	밤의	ba-mui
tampón (m)	탐폰	tam-pon
papel (m) higiénico	화장지	hwa-jang-ji
secador (m) de pelo	헤어 드라이어	he-eo deu-ra-i-eo

34. Los relojes

reloj (m)	손목 시계	son-mok si-gye
esfera (f)	문자반	mun-ja-ban
aguja (f)	바늘	ba-neul
pulsera (f)	금속제 시계줄	geum-sok-je si-gye-jul
correa (f) (del reloj)	시계줄	si-gye-jul
pila (f)	건전지	geon-jeon-ji
descargarse (vr)	나가다	na-ga-da
cambiar la pila	배터리를 갈다	bae-teo-ri-reul gal-da
adelantarse (vr)	빨리 가다	ppal-li ga-da
retrasarse (vr)	늦게 가다	neut-ge ga-da
reloj (m) de pared	벽시계	byeok-si-gye
reloj (m) de arena	모래시계	mo-rae-si-gye
reloj (m) de sol	해시계	hae-si-gye
despertador (m)	알람 시계	al-lam si-gye
relojero (m)	시계 기술자	si-gye gi-sul-ja
reparar (vt)	수리하다	su-ri-ha-da

La comida y la nutrición

35. La comida

carne (f)	고기	go-gi
gallina (f)	닭고기	dak-go-gi
pollo (m)	영계	yeong-gye
pato (m)	오리고기	o-ri-go-gi
ganso (m)	거위고기	geo-wi-go-gi
caza (f) menor	사냥감	sa-nyang-gam
pava (f)	칠면조고기	chil-myeon-jo-go-gi
carne (f) de cerdo	돼지고기	dwae-ji-go-gi
carne (f) de ternera	송아지 고기	song-a-ji go-gi
carne (f) de carnero	양고기	yang-go-gi
carne (f) de vaca	소고기	so-go-gi
conejo (m)	토끼고기	to-kki-go-gi
salchichón (m)	소시지	so-si-ji
salchicha (f)	비엔나 소시지	bi-en-na so-si-ji
beicon (m)	베이컨	be-i-keon
jamón (m)	햄	haem
jamón (m) fresco	개먼	gae-meon
paté (m)	파테	pa-te
hígado (m)	간	gan
carne (f) picada	다진 고기	da-jin go-gi
lengua (f)	혀	hyeo
huevo (m)	계란	gye-ran
huevos (m pl)	계란	gye-ran
clara (f)	흰자	huin-ja
yema (f)	노른자	no-reun-ja
pescado (m)	생선	saeng-seon
mariscos (m pl)	해물	hae-mul
caviar (m)	캐비어	kae-bi-eo
cangrejo (m) de mar	게	ge
camarón (m)	새우	sae-u
ostra (f)	굴	gul
langosta (f)	대하	dae-ha
pulpo (m)	문어	mun-eo
calamar (m)	오징어	o-jing-eo
esturión (m)	철갑상어	cheol-gap-sang-eo
salmón (m)	연어	yeon-eo
fletán (m)	넙치	neop-chi
bacalao (m)	대구	dae-gu
caballa (f)	고등어	go-deung-eo

atún (m)	참치	cham-chi
anguila (f)	뱀장어	baem-jang-eo
trucha (f)	송어	song-eo
sardina (f)	정어리	jeong-eo-ri
lucio (m)	강꼬치고기	gang-kko-chi-go-gi
arenque (m)	청어	cheong-eo
pan (m)	빵	ppang
queso (m)	치즈	chi-jeu
azúcar (m)	설탕	seol-tang
sal (f)	소금	so-geum
arroz (m)	쌀	ssal
macarrones (m pl)	파스타	pa-seu-ta
tallarines (m pl)	면	myeon
mantequilla (f)	버터	beo-teo
aceite (m) vegetal	식물유	sing-mu-ryu
aceite (m) de girasol	해바라기유	hae-ba-ra-gi-yu
margarina (f)	마가린	ma-ga-rin
olivas, aceitunas (f pl)	올리브	ol-li-beu
aceite (m) de oliva	올리브유	ol-li-beu-yu
leche (f)	우유	u-yu
leche (f) condensada	연유	yeo-nyu
yogur (m)	요구르트	yo-gu-reu-teu
nata (f) agria	사워크림	sa-wo-keu-rim
nata (f) líquida	크림	keu-rim
mayonesa (f)	마요네즈	ma-yo-ne-jeu
crema (f) de mantequilla	버터크림	beo-teo-keu-rim
cereales (m pl) integrales	곡물	gong-mul
harina (f)	밀가루	mil-ga-ru
conservas (f pl)	통조림	tong-jo-rim
copos (m pl) de maíz	콘플레이크	kon-peul-le-i-keu
miel (f)	꿀	kkul
confitura (f)	잼	jaem
chicle (m)	껌	kkeom

36. Las bebidas

agua (f)	물	mul
agua (f) potable	음료수	eum-nyo-su
agua (f) mineral	미네랄 워터	mi-ne-ral rwo-teo
sin gas	탄산 없는	tan-san neom-neun
gaseoso (adj)	탄산의	tan-sa-nui
con gas	탄산이 든	tan-san-i deun
hielo (m)	얼음	eo-reum
con hielo	얼음을 넣은	eo-reu-meul leo-eun

sin alcohol	무알코올의	mu-al-ko-o-rui
bebida (f) sin alcohol	청량음료	cheong-nyang-eum-nyo
refresco (m)	청량 음료	cheong-nyang eum-nyo
limonada (f)	레모네이드	re-mo-ne-i-deu
bebidas (f pl) alcohólicas	술	sul
vino (m)	와인	wa-in
vino (m) blanco	백 포도주	baek po-do-ju
vino (m) tinto	레드 와인	re-deu wa-in
licor (m)	리큐르	ri-kyu-reu
champaña (f)	샴페인	syam-pe-in
vermú (m)	베르무트	be-reu-mu-teu
whisky (m)	위스키	wi-seu-ki
vodka (m)	보드카	bo-deu-ka
ginebra (f)	진	jin
coñac (m)	코냑	ko-nyak
ron (m)	럼	reom
café (m)	커피	keo-pi
café (m) solo	블랙 커피	beul-laek keo-pi
café (m) con leche	밀크 커피	mil-keu keo-pi
capuchino (m)	카푸치노	ka-pu-chi-no
café (m) soluble	인스턴트 커피	in-seu-teon-teu keo-pi
leche (f)	우유	u-yu
cóctel (m)	칵테일	kak-te-il
batido (m)	밀크 셰이크	mil-keu sye-i-keu
zumo (m), jugo (m)	주스	ju-seu
jugo (m) de tomate	토마토 주스	to-ma-to ju-seu
zumo (m) de naranja	오렌지 주스	o-ren-ji ju-seu
zumo (m) fresco	생과일주스	saeng-gwa-il-ju-seu
cerveza (f)	맥주	maek-ju
cerveza (f) rubia	라거	ra-geo
cerveza (f) negra	흑맥주	heung-maek-ju
té (m)	차	cha
té (m) negro	홍차	hong-cha
té (m) verde	녹차	nok-cha

37. Las verduras

legumbres (f pl)	채소	chae-so
verduras (f pl)	녹황색 채소	nok-wang-saek chae-so
tomate (m)	토마토	to-ma-to
pepino (m)	오이	o-i
zanahoria (f)	당근	dang-geun
patata (f)	감자	gam-ja
cebolla (f)	양파	yang-pa
ajo (m)	마늘	ma-neul

col (f)	양배추	yang-bae-chu
coliflor (f)	컬리플라워	keol-li-peul-la-wo
col (f) de Bruselas	방울다다기 양배추	bang-ul-da-da-gi yang-bae-chu
brócoli (m)	브로콜리	beu-ro-kol-li
remolacha (f)	비트	bi-teu
berenjena (f)	가지	ga-ji
calabacín (m)	애호박	ae-ho-bak
calabaza (f)	호박	ho-bak
nabo (m)	순무	sun-mu
perejil (m)	파슬리	pa-seul-li
eneldo (m)	딜	dil
lechuga (f)	양상추	yang-sang-chu
apio (m)	셀러리	sel-leo-ri
espárrago (m)	아스파라거스	a-seu-pa-ra-geo-seu
espinaca (f)	시금치	si-geum-chi
guisante (m)	완두	wan-du
habas (f pl)	콩	kong
maíz (m)	옥수수	ok-su-su
fréjol (m)	강낭콩	gang-nang-kong
pimiento (m) dulce	피망	pi-mang
rábano (m)	무	mu
alcachofa (f)	아티초크	a-ti-cho-keu

38. Las frutas. Las nueces

fruto (m)	과일	gwa-il
manzana (f)	사과	sa-gwa
pera (f)	배	bae
limón (m)	레몬	re-mon
naranja (f)	오렌지	o-ren-ji
fresa (f)	딸기	ttal-gi
mandarina (f)	귤	gyul
ciruela (f)	자두	ja-du
melocotón (m)	복숭아	bok-sung-a
albaricoque (m)	살구	sal-gu
frambuesa (f)	라즈베리	ra-jeu-be-ri
piña (f)	파인애플	pa-in-ae-peul
banana (f)	바나나	ba-na-na
sandía (f)	수박	su-bak
uva (f)	포도	po-do
guinda (f)	신양	si-nyang
cereza (f)	양벚나무	yang-beon-na-mu
melón (m)	멜론	mel-lon
pomelo (m)	자몽	ja-mong
aguacate (m)	아보카도	a-bo-ka-do
papaya (f)	파파야	pa-pa-ya

mango (m)	망고	mang-go
granada (f)	석류	seong-nyu
grosella (f) roja	레드커렌트	re-deu-keo-ren-teu
grosella (f) negra	블랙커렌트	beul-laek-keo-ren-teu
grosella (f) espinosa	구스베리	gu-seu-be-ri
arándano (m)	빌베리	bil-be-ri
zarzamoras (f pl)	블랙베리	beul-laek-be-ri
pasas (f pl)	건포도	geon-po-do
higo (m)	무화과	mu-hwa-gwa
dátil (m)	대추야자	dae-chu-ya-ja
cacahuete (m)	땅콩	ttang-kong
almendra (f)	아몬드	a-mon-deu
nuez (f)	호두	ho-du
avellana (f)	개암	gae-am
nuez (f) de coco	코코넛	ko-ko-neot
pistachos (m pl)	피스타치오	pi-seu-ta-chi-o

39. El pan. Los dulces

pasteles (m pl)	과자류	gwa-ja-ryu
pan (m)	빵	ppang
galletas (f pl)	쿠키	ku-ki
chocolate (m)	초콜릿	cho-kol-lit
de chocolate (adj)	초콜릿의	cho-kol-lis-ui
caramelo (m)	사탕	sa-tang
tarta (f) (pequeña)	케이크	ke-i-keu
tarta (f) (~ de cumpleaños)	케이크	ke-i-keu
tarta (f) (~ de manzana)	파이	pa-i
relleno (m)	속	sok
confitura (f)	잼	jaem
mermelada (f)	마멀레이드	ma-meol-le-i-deu
gofre (m)	와플	wa-peul
helado (m)	아이스크림	a-i-seu-keu-rim

40. Los platos

plato (m)	요리, 코스	yo-ri, ko-seu
cocina (f)	요리	yo-ri
receta (f)	요리법	yo-ri-beop
porción (f)	분량	bul-lyang
ensalada (f)	샐러드	sael-leo-deu
sopa (f)	수프	su-peu
caldo (m)	육수	yuk-su
bocadillo (m)	샌드위치	saen-deu-wi-chi

huevos (m pl) fritos	계란후라이	gye-ran-hu-ra-i
hamburguesa (f)	햄버거	haem-beo-geo
bistec (m)	비프스테이크	bi-peu-seu-te-i-keu
guarnición (f)	사이드 메뉴	sa-i-deu me-nyu
espagueti (m)	스파게티	seu-pa-ge-ti
puré (m) de patatas	으깬 감자	eu-kkaen gam-ja
pizza (f)	피자	pi-ja
gachas (f pl)	죽	juk
tortilla (f) francesa	오믈렛	o-meul-let
cocido en agua (adj)	삶은	sal-meun
ahumado (adj)	훈제된	hun-je-doen
frito (adj)	튀긴	twi-gin
seco (adj)	말린	mal-lin
congelado (adj)	얼린	eol-lin
marinado (adj)	초절인	cho-jeo-rin
azucarado, dulce (adj)	단	dan
salado (adj)	짠	jjan
frío (adj)	차가운	cha-ga-un
caliente (adj)	뜨거운	tteu-geo-un
amargo (adj)	쓴	sseun
sabroso (adj)	맛있는	man-nin-neun
cocer en agua	삶다	sam-da
preparar (la cena)	요리하다	yo-ri-ha-da
freír (vt)	부치다	bu-chi-da
calentar (vt)	데우다	de-u-da
salar (vt)	소금을 넣다	so-geu-meul leo-ta
poner pimienta	후추를 넣다	hu-chu-reul leo-ta
rallar (vt)	강판에 갈다	gang-pa-ne gal-da
piel (f)	껍질	kkeop-jil
pelar (vt)	껍질 벗기다	kkeop-jil beot-gi-da

41. Las especias

sal (f)	소금	so-geum
salado (adj)	짜	jja
salar (vt)	소금을 넣다	so-geu-meul leo-ta
pimienta (f) negra	후추	hu-chu
pimienta (f) roja	고춧가루	go-chut-ga-ru
mostaza (f)	겨자	gyeo-ja
rábano (m) picante	고추냉이	go-chu-naeng-i
condimento (m)	양념	yang-nyeom
especia (f)	향료	hyang-nyo
salsa (f)	소스	so-seu
vinagre (m)	식초	sik-cho
anís (m)	아니스	a-ni-seu
albahaca (f)	바질	ba-jil

clavo (m)	정향	jeong-hyang
jengibre (m)	생강	saeng-gang
cilantro (m)	고수	go-su
canela (f)	계피	gye-pi
sésamo (m)	깨	kkae
hoja (f) de laurel	월계수잎	wol-gye-su-ip
paprika (f)	파프리카	pa-peu-ri-ka
comino (m)	캐러웨이	kae-reo-we-i
azafrán (m)	사프란	sa-peu-ran

42. Las comidas

comida (f)	음식	eum-sik
comer (vi, vt)	먹다	meok-da
desayuno (m)	아침식사	a-chim-sik-sa
desayunar (vi)	아침을 먹다	a-chi-meul meok-da
almuerzo (m)	점심식사	jeom-sim-sik-sa
almorzar (vi)	점심을 먹다	jeom-si-meul meok-da
cena (f)	저녁식사	jeo-nyeok-sik-sa
cenar (vi)	저녁을 먹다	jeo-nyeo-geul meok-da
apetito (m)	식욕	si-gyok
¡Que aproveche!	맛있게 드십시오!	man-nit-ge deu-sip-si-o!
abrir (vt)	열다	yeol-da
derramar (líquido)	엎지르다	eop-ji-reu-da
derramarse (líquido)	쏟아지다	sso-da-ji-da
hervir (vi)	끓다	kkeul-ta
hervir (vt)	끓이다	kkeu-ri-da
hervido (agua ~a)	끓인	kkeu-rin
enfriar (vt)	식히다	sik-i-da
enfriarse (vr)	식다	sik-da
sabor (m)	맛	mat
regusto (m)	뒷 맛	dwit mat
adelgazar (vi)	살을 빼다	sa-reul ppae-da
dieta (f)	다이어트	da-i-eo-teu
vitamina (f)	비타민	bi-ta-min
caloría (f)	칼로리	kal-lo-ri
vegetariano (m)	채식주의자	chae-sik-ju-ui-ja
vegetariano (adj)	채식주의의	chae-sik-ju-ui-ui
grasas (f pl)	지방	ji-bang
proteínas (f pl)	단백질	dan-baek-jil
carbohidratos (m pl)	탄수화물	tan-su-hwa-mul
loncha (f)	조각	jo-gak
pedazo (m)	조각	jo-gak
miga (f)	부스러기	bu-seu-reo-gi

43. Los cubiertos

cuchara (f)	숟가락	sut-ga-rak
cuchillo (m)	나이프	na-i-peu
tenedor (m)	포크	po-keu
taza (f)	컵	keop
plato (m)	접시	jeop-si
platillo (m)	받침 접시	bat-chim jeop-si
servilleta (f)	냅킨	naep-kin
mondadientes (m)	이쑤시개	i-ssu-si-gae

44. El restaurante

restaurante (m)	레스토랑	re-seu-to-rang
cafetería (f)	커피숍	keo-pi-syop
bar (m)	바	ba
salón (m) de té	카페, 티룸	ka-pe, ti-rum
camarero (m)	웨이터	we-i-teo
camarera (f)	웨이트리스	we-i-teu-ri-seu
barman (m)	바텐더	ba-ten-deo
carta (f), menú (m)	메뉴판	me-nyu-pan
carta (f) de vinos	와인 메뉴	wa-in me-nyu
reservar una mesa	테이블 예약을 하다	te-i-beul rye-ya-geul ha-da
plato (m)	요리, 코스	yo-ri, ko-seu
pedir (vt)	주문하다	ju-mun-ha-da
hacer un pedido	주문을 하다	ju-mu-neul ha-da
aperitivo (m)	아페리티프	a-pe-ri-ti-peu
entremés (m)	애피타이저	ae-pi-ta-i-jeo
postre (m)	디저트	di-jeo-teu
cuenta (f)	계산서	gye-san-seo
pagar la cuenta	계산하다	gye-san-ha-da
dar la vuelta	거스름돈을 주다	geo-seu-reum-do-neul ju-da
propina (f)	팁	tip

La familia nuclear, los parientes y los amigos

45. La información personal. Los formularios

nombre (m)	이름	i-reum
apellido (m)	성	seong
fecha (f) de nacimiento	생년월일	saeng-nyeon-wo-ril
lugar (m) de nacimiento	탄생지	tan-saeng-ji
nacionalidad (f)	국적	guk-jeok
domicilio (m)	거소	geo-so
país (m)	나라	na-ra
profesión (f)	직업	ji-geop
sexo (m)	성별	seong-byeol
estatura (f)	키	ki
peso (m)	몸무게	mom-mu-ge

46. Los familiares. Los parientes

madre (f)	어머니	eo-meo-ni
padre (m)	아버지	a-beo-ji
hijo (m)	아들	a-deul
hija (f)	딸	ttal
hija (f) menor	작은딸	ja-geun-ttal
hijo (m) menor	작은아들	ja-geun-a-deul
hija (f) mayor	맏딸	mat-ttal
hijo (m) mayor	맏아들	ma-da-deul
hermano (m)	형제	hyeong-je
hermana (f)	자매	ja-mae
primo (m)	사촌 형제	sa-chon hyeong-je
prima (f)	사촌 자매	sa-chon ja-mae
mamá (f)	엄마	eom-ma
papá (m)	아빠	a-ppa
padres (pl)	부모	bu-mo
niño -a (m, f)	아이, 아동	a-i, a-dong
niños (pl)	아이들	a-i-deul
abuela (f)	할머니	hal-meo-ni
abuelo (m)	할아버지	ha-ra-beo-ji
nieto (m)	손자	son-ja
nieta (f)	손녀	son-nyeo
nietos (pl)	손자들	son-ja-deul
tío (m)	삼촌	sam-chon

sobrino (m)	조카	jo-ka
sobrina (f)	조카딸	jo-ka-ttal
suegra (f)	장모	jang-mo
suegro (m)	시아버지	si-a-beo-ji
yerno (m)	사위	sa-wi
madrastra (f)	계모	gye-mo
padrastro (m)	계부	gye-bu
niño (m) de pecho	영아	yeong-a
bebé (m)	아기	a-gi
chico (m)	꼬마	kko-ma
mujer (f)	아내	a-nae
marido (m)	남편	nam-pyeon
esposo (m)	배우자	bae-u-ja
esposa (f)	배우자	bae-u-ja
casado (adj)	결혼한	gyeol-hon-han
casada (adj)	결혼한	gyeol-hon-han
soltero (adj)	미혼의	mi-hon-ui
soltero (m)	미혼 남자	mi-hon nam-ja
divorciado (adj)	이혼한	i-hon-han
viuda (f)	과부	gwa-bu
viudo (m)	홀아비	ho-ra-bi
pariente (m)	친척	chin-cheok
pariente (m) cercano	가까운 친척	ga-kka-un chin-cheok
pariente (m) lejano	먼 친척	meon chin-cheok
parientes (pl)	친척들	chin-cheok-deul
huérfano (m), huérfana (f)	고아	go-a
tutor (m)	후견인	hu-gyeon-in
adoptar (un niño)	입양하다	i-byang-ha-da
adoptar (una niña)	입양하다	i-byang-ha-da

La medicina

47. Las enfermedades

enfermedad (f)	병	byeong
estar enfermo	눕다	nup-da
salud (f)	건강	geon-gang
resfriado (m) (coriza)	비염	bi-yeom
angina (f)	편도염	pyeon-do-yeom
resfriado (m)	감기	gam-gi
resfriarse (vr)	감기에 걸리다	gam-gi-e geol-li-da
bronquitis (f)	기관지염	gi-gwan-ji-yeom
pulmonía (f)	폐렴	pye-ryeom
gripe (f)	독감	dok-gam
miope (adj)	근시의	geun-si-ui
présbita (adj)	원시의	won-si-ui
estrabismo (m)	사시	sa-si
estrábico (m) (adj)	사시인	sa-si-in
catarata (f)	백내장	baeng-nae-jang
glaucoma (m)	녹내장	nong-nae-jang
insulto (m)	뇌졸중	noe-jol-jung
ataque (m) cardiaco	심장마비	sim-jang-ma-bi
infarto (m) de miocardio	심근경색증	sim-geun-gyeong-saek-jeung
parálisis (f)	마비	ma-bi
paralizar (vt)	마비되다	ma-bi-doe-da
alergia (f)	알레르기	al-le-reu-gi
asma (f)	천식	cheon-sik
diabetes (f)	당뇨병	dang-nyo-byeong
dolor (m) de muelas	치통, 이앓이	chi-tong, i-a-ri
caries (f)	충치	chung-chi
diarrea (f)	설사	seol-sa
estreñimiento (m)	변비증	byeon-bi-jeung
molestia (f) estomacal	배탈	bae-tal
envenenamiento (m)	식중독	sik-jung-dok
envenenarse (vr)	식중독에 걸리다	sik-jung-do-ge geol-li-da
artritis (f)	관절염	gwan-jeo-ryeom
raquitismo (m)	구루병	gu-ru-byeong
reumatismo (m)	류머티즘	ryu-meo-ti-jeum
gastritis (f)	위염	wi-yeom
apendicitis (f)	맹장염	maeng-jang-yeom
colecistitis (f)	담낭염	dam-nang-yeom

úlcera (f)	궤양	gwe-yang
sarampión (m)	홍역	hong-yeok
rubeola (f)	풍진	pung-jin
ictericia (f)	황달	hwang-dal
hepatitis (f)	간염	gan-nyeom
esquizofrenia (f)	정신 분열증	jeong-sin bu-nyeol-jeung
rabia (f) (hidrofobia)	광견병	gwang-gyeon-byeong
neurosis (f)	신경증	sin-gyeong-jeung
conmoción (f) cerebral	뇌진탕	noe-jin-tang
cáncer (m)	암	am
esclerosis (f)	경화증	gyeong-hwa-jeung
esclerosis (m) múltiple	다발성 경화증	da-bal-seong gyeong-hwa-jeung
alcoholismo (m)	알코올 중독	al-ko-ol jung-dok
alcohólico (m)	알코올 중독자	al-ko-ol jung-dok-ja
sífilis (f)	매독	mae-dok
SIDA (m)	에이즈	e-i-jeu
tumor (m)	종양	jong-yang
maligno (adj)	악성의	ak-seong-ui
benigno (adj)	양성의	yang-seong-ui
fiebre (f)	열병	yeol-byeong
malaria (f)	말라리아	mal-la-ri-a
gangrena (f)	피저	goe-jeo
mareo (m)	뱃멀미	baen-meol-mi
epilepsia (f)	간질	gan-jil
epidemia (f)	유행병	yu-haeng-byeong
tifus (m)	발진티푸스	bal-jin-ti-pu-seu
tuberculosis (f)	결핵	gyeol-haek
cólera (f)	콜레라	kol-le-ra
peste (f)	페스트	pe-seu-teu

48. Los síntomas. Los tratamientos. Unidad 1

síntoma (m)	증상	jeung-sang
temperatura (f)	체온	che-on
fiebre (f)	열	yeol
pulso (m)	맥박	maek-bak
mareo (m) (vértigo)	현기증	hyeon-gi-jeung
caliente (adj)	뜨거운	tteu-geo-un
escalofrío (m)	전율	jeo-nyul
pálido (adj)	창백한	chang-baek-an
tos (f)	기침	gi-chim
toser (vi)	기침을 하다	gi-chi-meul ha-da
estornudar (vi)	재채기하다	jae-chae-gi-ha-da
desmayo (m)	실신	sil-sin
desmayarse (vr)	실신하다	sil-sin-ha-da

moradura (f)	멍	meong
chichón (m)	혹	hok
golpearse (vr)	부딪치다	bu-dit-chi-da
magulladura (f)	타박상	ta-bak-sang
magullarse (vr)	타박상을 입다	ta-bak-sang-eul rip-da
cojear (vi)	절다	jeol-da
dislocación (f)	탈구	tal-gu
dislocar (vt)	탈구하다	tal-gu-ha-da
fractura (f)	골절	gol-jeol
tener una fractura	골절하다	gol-jeol-ha-da
corte (m) (tajo)	베인	be-in
cortarse (vr)	베다	jeol-chang-eul rip-da
hemorragia (f)	출혈	chul-hyeol
quemadura (f)	화상	hwa-sang
quemarse (vr)	데다	de-da
pincharse (~ el dedo)	찌르다	jji-reu-da
pincharse (vr)	찔리다	jjil-li-da
herir (vt)	다치다	da-chi-da
herida (f)	부상	bu-sang
lesión (f) (herida)	부상	bu-sang
trauma (m)	정신적 외상	jeong-sin-jeok goe-sang
delirar (vi)	망상을 겪다	mang-sang-eul gyeok-da
tartamudear (vi)	말을 더듬다	ma-reul deo-deum-da
insolación (f)	일사병	il-sa-byeong

49. Los síntomas. Los tratamientos. Unidad 2

dolor (m)	통증	tong-jeung
astilla (f)	가시	ga-si
sudor (m)	땀	ttam
sudar (vi)	땀이 나다	ttam-i na-da
vómito (m)	구토	gu-to
convulsiones (f pl)	경련	gyeong-nyeon
embarazada (adj)	임신한	im-sin-han
nacer (vi)	태어나다	tae-eo-na-da
parto (m)	출산	chul-san
dar a luz	낳다	na-ta
aborto (m)	낙태	nak-tae
respiración (f)	호흡	ho-heup
inspiración (f)	들숨	deul-sum
espiración (f)	날숨	nal-sum
espirar (vi)	내쉬다	nae-swi-da
inspirar (vi)	들이쉬다	deu-ri-swi-da
inválido (m)	장애인	jang-ae-in
mutilado (m)	병신	byeong-sin

drogadicto (m)	마약 중독자	ma-yak jung-dok-ja
sordo (adj)	귀가 먼	gwi-ga meon
mudo (adj)	벙어리인	beong-eo-ri-in
sordomudo (adj)	농아인	nong-a-in
loco (adj)	미친	mi-chin
loco (m)	광인	gwang-in
loca (f)	광인	gwang-in
volverse loco	미치다	mi-chi-da
gen (m)	유전자	yu-jeon-ja
inmunidad (f)	면역성	myeo-nyeok-seong
hereditario (adj)	유전의	yu-jeon-ui
de nacimiento (adj)	선천적인	seon-cheon-jeo-gin
virus (m)	바이러스	ba-i-reo-seu
microbio (m)	미생물	mi-saeng-mul
bacteria (f)	세균	se-gyun
infección (f)	감염	gam-nyeom

50. Los síntomas. Los tratamientos. Unidad 3

hospital (m)	병원	byeong-won
paciente (m)	환자	hwan-ja
diagnosis (f)	진단	jin-dan
cura (f)	치료	chi-ryo
curarse (vr)	치료를 받다	chi-ryo-reul bat-da
tratar (vt)	치료하다	chi-ryo-ha-da
cuidar (a un enfermo)	간호하다	gan-ho-ha-da
cuidados (m pl)	간호	gan-ho
operación (f)	수술	su-sul
vendar (vt)	붕대를 감다	bung-dae-reul gam-da
vendaje (m)	붕대	bung-dae
vacunación (f)	예방주사	ye-bang-ju-sa
vacunar (vt)	접종하다	jeop-jong-ha-da
inyección (f)	주사	ju-sa
aplicar una inyección	주사하다	ju-sa-ha-da
amputación (f)	절단	jeol-dan
amputar (vt)	절단하다	jeol-dan-ha-da
coma (m)	혼수 상태	hon-su sang-tae
estar en coma	혼수 상태에 있다	hon-su sang-tae-e it-da
revitalización (f)	집중 치료	jip-jung chi-ryo
recuperarse (vr)	회복하다	hoe-bok-a-da
estado (m) (de salud)	상태	sang-tae
consciencia (f)	의식	ui-sik
memoria (f)	기억	gi-eok
extraer (un diente)	빼다	ppae-da
empaste (m)	충전물	chung-jeon-mul

empastar (vt)	때우다	ttae-u-da
hipnosis (f)	최면	choe-myeon
hipnotizar (vt)	최면을 걸다	choe-myeo-neul geol-da

51. Los médicos

médico (m)	의사	ui-sa
enfermera (f)	간호사	gan-ho-sa
médico (m) personal	개인 의사	gae-in ui-sa
dentista (m)	치과 의사	chi-gwa ui-sa
oftalmólogo (m)	안과 의사	an-gwa ui-sa
internista (m)	내과 의사	nae-gwa ui-sa
cirujano (m)	외과 의사	oe-gwa ui-sa
psiquiatra (m)	정신과 의사	jeong-sin-gwa ui-sa
pediatra (m)	소아과 의사	so-a-gwa ui-sa
psicólogo (m)	심리학자	sim-ni-hak-ja
ginecólogo (m)	부인과 의사	bu-in-gwa ui-sa
cardiólogo (m)	심장병 전문의	sim-jang-byeong jeon-mun-ui

52. La medicina. Las drogas. Los accesorios

medicamento (m), droga (f)	약	yak
remedio (m)	약제	yak-je
receta (f)	처방	cheo-bang
tableta (f)	정제	jeong-je
ungüento (m)	연고	yeon-go
ampolla (f)	앰플	aem-pul
mixtura (f), mezcla (f)	혼합물	hon-ham-mul
sirope (m)	물약	mul-lyak
píldora (f)	알약	a-ryak
polvo (m)	가루약	ga-ru-yak
venda (f)	거즈 붕대	geo-jeu bung-dae
algodón (m) (discos de ~)	솜	som
yodo (m)	요오드	yo-o-deu
tirita (f), curita (f)	반창고	ban-chang-go
pipeta (f)	점안기	jeom-an-gi
termómetro (m)	체온계	che-on-gye
jeringa (f)	주사기	ju-sa-gi
silla (f) de ruedas	휠체어	hwil-che-eo
muletas (f pl)	목발	mok-bal
anestésico (m)	진통제	jin-tong-je
purgante (m)	완하제	wan-ha-je
alcohol (m)	알코올	al-ko-ol
hierba (f) medicinal	약초	yak-cho
de hierbas (té ~)	약초의	yak-cho-ui

EL AMBIENTE HUMANO

La ciudad

53. La ciudad. La vida en la ciudad

ciudad (f)	도시	do-si
capital (f)	수도	su-do
aldea (f)	마을	ma-eul
plano (m) de la ciudad	도시 지도	do-si ji-do
centro (m) de la ciudad	시내	si-nae
suburbio (m)	근교	geun-gyo
suburbano (adj)	근교의	geun-gyo-ui
afueras (f pl)	주변	ju-byeon
barrio (m)	한 구획	han gu-hoek
zona (f) de viviendas	동	dong
tráfico (m)	교통	gyo-tong
semáforo (m)	신호등	sin-ho-deung
transporte (m) urbano	대중교통	dae-jung-gyo-tong
cruce (m)	교차로	gyo-cha-ro
paso (m) de peatones	횡단 보도	hoeng-dan bo-do
paso (m) subterráneo	지하 보도	ji-ha bo-do
cruzar (vt)	건너가다	geon-neo-ga-da
peatón (m)	보행자	bo-haeng-ja
acera (f)	인도	in-do
puente (m)	다리	da-ri
muelle (m)	강변로	gang-byeon-no
alameda (f)	길	gil
parque (m)	공원	gong-won
bulevar (m)	대로	dae-ro
plaza (f)	광장	gwang-jang
avenida (f)	가로	ga-ro
calle (f)	거리	geo-ri
callejón (m)	골목	gol-mok
callejón (m) sin salida	막다른길	mak-da-reun-gil
casa (f)	집	jip
edificio (m)	빌딩	bil-ding
rascacielos (m)	고층 건물	go-cheung geon-mul
fachada (f)	전면	jeon-myeon
techo (m)	지붕	ji-bung
ventana (f)	창문	chang-mun

arco (m)	아치	a-chi
columna (f)	기둥	gi-dung
esquina (f)	모퉁이	mo-tung-i
escaparate (f)	쇼윈도우	syo-win-do-u
letrero (m) (~ luminoso)	간판	gan-pan
cartel (m)	포스터	po-seu-teo
cartel (m) publicitario	광고 포스터	gwang-go po-seu-teo
valla (f) publicitaria	광고판	gwang-go-pan
basura (f)	쓰레기	sseu-re-gi
cajón (m) de basura	쓰레기통	sseu-re-gi-tong
basurero (m)	쓰레기장	sseu-re-gi-jang
cabina (f) telefónica	공중 전화	gong-jung jeon-hwa
farola (f)	가로등	ga-ro-deung
banco (m) (del parque)	벤치	ben-chi
policía (m)	경찰관	gyeong-chal-gwan
policía (f) (~ nacional)	경찰	gyeong-chal
mendigo (m)	거지	geo-ji
persona (f) sin hogar	노숙자	no-suk-ja

54. Las instituciones urbanas

tienda (f)	가게, 상점	ga-ge, sang-jeom
farmacia (f)	약국	yak-guk
óptica (f)	안경 가게	an-gyeong ga-ge
centro (m) comercial	쇼핑몰	syo-ping-mol
supermercado (m)	슈퍼마켓	syu-peo-ma-ket
panadería (f)	빵집	ppang-jip
panadero (m)	제빵사	je-ppang-sa
pastelería (f)	제과점	je-gwa-jeom
tienda (f) de comestibles	식료품점	sing-nyo-pum-jeom
carnicería (f)	정육점	jeong-yuk-jeom
verdulería (f)	야채 가게	ya-chae ga-ge
mercado (m)	시장	si-jang
cafetería (f)	커피숍	keo-pi-syop
restaurante (m)	레스토랑	re-seu-to-rang
cervecería (f)	바	ba
pizzería (f)	피자 가게	pi-ja ga-ge
peluquería (f)	미장원	mi-jang-won
oficina (f) de correos	우체국	u-che-guk
tintorería (f)	드라이 클리닝	deu-ra-i keul-li-ning
estudio (m) fotográfico	사진관	sa-jin-gwan
zapatería (f)	신발 가게	sin-bal ga-ge
librería (f)	서점	seo-jeom
tienda (f) deportiva	스포츠용품 매장	seu-po-cheu-yong-pum mae-jang

arreglos (m pl) de ropa	옷 수선 가게	ot su-seon ga-ge
alquiler (m) de ropa	의류 임대	ui-ryu im-dae
videoclub (m)	비디오 대여	bi-di-o dae-yeo
circo (m)	서커스	seo-keo-seu
zoológico (m)	동물원	dong-mu-rwon
cine (m)	영화관	yeong-hwa-gwan
museo (m)	박물관	bang-mul-gwan
biblioteca (f)	도서관	do-seo-gwan
teatro (m)	극장	geuk-jang
ópera (f)	오페라극장	o-pe-ra-geuk-jang
club (m) nocturno	나이트 클럽	na-i-teu keul-leop
casino (m)	카지노	ka-ji-no
mezquita (f)	모스크	mo-seu-keu
sinagoga (f)	유대교 회당	yu-dae-gyo hoe-dang
catedral (f)	대성당	dae-seong-dang
templo (m)	사원, 신전	sa-won, sin-jeon
iglesia (f)	교회	gyo-hoe
instituto (m)	단과대학	dan-gwa-dae-hak
universidad (f)	대학교	dae-hak-gyo
escuela (f)	학교	hak-gyo
prefectura (f)	도, 현	do, hyeon
alcaldía (f)	시청	si-cheong
hotel (m)	호텔	ho-tel
banco (m)	은행	eun-haeng
embajada (f)	대사관	dae-sa-gwan
agencia (f) de viajes	여행사	yeo-haeng-sa
oficina (f) de información	안내소	an-nae-so
oficina (f) de cambio	환전소	hwan-jeon-so
metro (m)	지하철	ji-ha-cheol
hospital (m)	병원	byeong-won
gasolinera (f)	주유소	ju-yu-so
aparcamiento (m)	주차장	ju-cha-jang

55. Los avisos

letrero (m) (~ luminoso)	간판	gan-pan
cartel (m) (texto escrito)	안내문	an-nae-mun
pancarta (f)	포스터	po-seu-teo
señal (m) de dirección	방향표시	bang-hyang-pyo-si
flecha (f) (signo)	화살표	hwa-sal-pyo
advertencia (f)	경고	gyeong-go
aviso (m)	경고판	gyeong-go-pan
advertir (vt)	경고하다	gyeong-go-ha-da
día (m) de descanso	휴일	hyu-il
horario (m)	시간표	si-gan-pyo

horario (m) de apertura	영업 시간	yeong-eop si-gan
¡BIENVENIDOS!	어서 오세요!	eo-seo o-se-yo!
ENTRADA	입구	ip-gu
SALIDA	출구	chul-gu
EMPUJAR	미세요	mi-se-yo
TIRAR	당기세요	dang-gi-se-yo
ABIERTO	열림	yeol-lim
CERRADO	닫힘	da-chim
MUJERES	여성전용	yeo-seong-jeo-nyong
HOMBRES	남성	nam-seong-jeo-nyong
REBAJAS	할인	ha-rin
SALDOS	세일	se-il
NOVEDAD	신상품	sin-sang-pum
GRATIS	공짜	gong-jja
¡ATENCIÓN!	주의!	ju-ui!
COMPLETO	빈 방 없음	bin bang eop-seum
RESERVADO	예약석	ye-yak-seok
ADMINISTRACIÓN	관리부	gwal-li-bu
SÓLO PERSONAL AUTORIZADO	직원 전용	ji-gwon jeo-nyong
CUIDADO CON EL PERRO	개조심	gae-jo-sim
PROHIBIDO FUMAR	금연	geu-myeon
NO TOCAR	손 대지 마시오!	son dae-ji ma-si-o!
PELIGROSO	위험	wi-heom
PELIGRO	위험	wi-heom
ALTA TENSIÓN	고전압	go-jeon-ap
PROHIBIDO BAÑARSE	수영 금지	su-yeong geum-ji
NO FUNCIONA	수리중	su-ri-jung
INFLAMABLE	가연성 물자	ga-yeon-seong mul-ja
PROHIBIDO	금지	geum-ji
PROHIBIDO EL PASO	출입 금지	chu-rip geum-ji
RECIÉN PINTADO	칠 주의	chil ju-ui

56. El transporte urbano

autobús (m)	버스	beo-seu
tranvía (m)	전차	jeon-cha
trolebús (m)	트롤리 버스	teu-rol-li beo-seu
itinerario (m)	노선	no-seon
número (m)	번호	beon-ho
ir en ...	... 타고 가다	... ta-go ga-da
tomar (~ el autobús)	타다	ta-da
bajar (~ del tren)	... 에서 내리다	... e-seo nae-ri-da
parada (f)	정류장	jeong-nyu-jang
próxima parada (f)	다음 정류장	da-eum jeong-nyu-jang

parada (f) final	종점	jong-jeom
horario (m)	시간표	si-gan-pyo
esperar (aguardar)	기다리다	gi-da-ri-da
billete (m)	표	pyo
precio (m) del billete	요금	yo-geum
cajero (m)	계산원	gye-san-won
control (m) de billetes	검표	geom-pyo
revisor (m)	검표원	geom-pyo-won
llegar tarde (vi)	... 시간에 늦다	... si-gan-e neut-da
perder (~ el tren)	놓치다	no-chi-da
tener prisa	서두르다	seo-du-reu-da
taxi (m)	택시	taek-si
taxista (m)	택시 운전 기사	taek-si un-jeon gi-sa
en taxi	택시로	taek-si-ro
parada (f) de taxi	택시 정류장	taek-si jeong-nyu-jang
llamar un taxi	택시를 부르다	taek-si-reul bu-reu-da
tomar un taxi	택시를 타다	taek-si-reul ta-da
tráfico (m)	교통	gyo-tong
atasco (m)	교통 체증	gyo-tong che-jeung
horas (f pl) de punta	러시 아워	reo-si a-wo
aparcar (vi)	주차하다	ju-cha-ha-da
aparcar (vt)	주차하다	ju-cha-ha-da
aparcamiento (m)	주차장	ju-cha-jang
metro (m)	지하철	ji-ha-cheol
estación (f)	역	yeok
ir en el metro	지하철을 타다	ji-ha-cheo-reul ta-da
tren (m)	기차	gi-cha
estación (f)	기차역	gi-cha-yeok

57. El turismo. La excursión

monumento (m)	기념비	gi-nyeom-bi
fortaleza (f)	요새	yo-sae
palacio (m)	궁전	gung-jeon
castillo (m)	성	seong
torre (f)	탑	tap
mausoleo (m)	영묘	yeong-myo
arquitectura (f)	건축	geon-chuk
medieval (adj)	중세의	jung-se-ui
antiguo (adj)	고대의	go-dae-ui
nacional (adj)	국가의	guk-ga-ui
conocido (adj)	유명한	yu-myeong-han
turista (m)	관광객	gwan-gwang-gaek
guía (m) (persona)	가이드	ga-i-deu
excursión (f)	견학, 관광	gyeon-hak, gwan-gwang
mostrar (vt)	보여주다	bo-yeo-ju-da

contar (una historia)	이야기하다	i-ya-gi-ha-da
encontrar (hallar)	찾다	chat-da
perderse (vr)	길을 잃다	gi-reul ril-ta
plano (m) (~ de metro)	노선도	no-seon-do
mapa (m) (~ de la ciudad)	지도	ji-do
recuerdo (m)	기념품	gi-nyeom-pum
tienda (f) de regalos	기념품 가게	gi-nyeom-pum ga-ge
hacer fotos	사진을 찍다	sa-ji-neul jjik-da
fotografiarse (vr)	사진을 찍다	sa-ji-neul jjik-da

58. Las compras

comprar (vt)	사다	sa-da
compra (f)	구매	gu-mae
hacer compras	쇼핑하다	syo-ping-ha-da
compras (f pl)	쇼핑	syo-ping
estar abierto (tienda)	열리다	yeol-li-da
estar cerrado	닫다	dat-da
calzado (m)	신발	sin-bal
ropa (f)	옷	ot
cosméticos (m pl)	화장품	hwa-jang-pum
productos alimenticios	식품	sik-pum
regalo (m)	선물	seon-mul
vendedor (m)	판매원	pan-mae-won
vendedora (f)	여판매원	yeo-pan-mae-won
caja (f)	계산대	gye-san-dae
espejo (m)	거울	geo-ul
mostrador (m)	계산대	gye-san-dae
probador (m)	탈의실	ta-rui-sil
probar (un vestido)	입어보다	i-beo-bo-da
quedar (una ropa, etc.)	어울리다	eo-ul-li-da
gustar (vi)	좋아하다	jo-a-ha-da
precio (m)	가격	ga-gyeok
etiqueta (f) de precio	가격표	ga-gyeok-pyo
costar (vt)	값이 … 이다	gap-si … i-da
¿Cuánto?	얼마?	eol-ma?
descuento (m)	할인	ha-rin
no costoso (adj)	비싸지 않은	bi-ssa-ji a-neun
barato (adj)	싼	ssan
caro (adj)	비싼	bi-ssan
Es caro	비쌉니다	bi-ssam-ni-da
alquiler (m)	임대	im-dae
alquilar (vt)	빌리다	bil-li-da
crédito (m)	신용	si-nyong
a crédito (adv)	신용으로	si-nyong-eu-ro

59. El dinero

Español	Coreano	Romanización
dinero (m)	돈	don
cambio (m)	환전	hwan-jeon
curso (m)	환율	hwa-nyul
cajero (m) automático	현금 자동 지급기	hyeon-geum ja-dong ji-geup-gi
moneda (f)	동전	dong-jeon
dólar (m)	달러	dal-leo
euro (m)	유로	yu-ro
lira (f)	리라	ri-ra
marco (m) alemán	마르크	ma-reu-keu
franco (m)	프랑	peu-rang
libra esterlina (f)	파운드	pa-un-deu
yen (m)	엔	en
deuda (f)	빚	bit
deudor (m)	채무자	chae-mu-ja
prestar (vt)	빌려주다	bil-lyeo-ju-da
tomar prestado	빌리다	bil-li-da
banco (m)	은행	eun-haeng
cuenta (f)	계좌	gye-jwa
ingresar en la cuenta	계좌에 입금하다	ip-geum-ha-da
sacar de la cuenta	출금하다	chul-geum-ha-da
tarjeta (f) de crédito	신용 카드	si-nyong ka-deu
dinero (m) en efectivo	현금	hyeon-geum
cheque (m)	수표	su-pyo
sacar un cheque	수표를 끊다	su-pyo-reul kkeun-ta
talonario (m)	수표책	su-pyo-chaek
cartera (f)	지갑	ji-gap
monedero (m)	동전지갑	dong-jeon-ji-gap
caja (f) fuerte	금고	geum-go
heredero (m)	상속인	sang-so-gin
herencia (f)	유산	yu-san
fortuna (f)	재산, 큰돈	jae-san, keun-don
arriendo (m)	임대	im-dae
alquiler (m) (dinero)	집세	jip-se
alquilar (~ una casa)	임대하다	im-dae-ha-da
precio (m)	가격	ga-gyeok
coste (m)	비용	bi-yong
suma (f)	액수	aek-su
gastar (vt)	쓰다	sseu-da
gastos (m pl)	출비를	chul-bi-reul
economizar (vi, vt)	절약하다	jeo-ryak-a-da
económico (adj)	경제적인	gyeong-je-jeo-gin
pagar (vi, vt)	지불하다	ji-bul-ha-da

pago (m)	지불	ji-bul
cambio (m) (devolver el ~)	거스름돈	geo-seu-reum-don
impuesto (m)	세금	se-geum
multa (f)	벌금	beol-geum
multar (vt)	벌금을 부과하다	beol-geu-meul bu-gwa-ha-da

60. La oficina de correos

oficina (f) de correos	우체국	u-che-guk
correo (m) (cartas, etc.)	우편물	u-pyeon-mul
cartero (m)	우체부	u-che-bu
horario (m) de apertura	영업 시간	yeong-eop si-gan
carta (f)	편지	pyeon-ji
carta (f) certificada	등기 우편	deung-gi u-pyeon
tarjeta (f) postal	엽서	yeop-seo
telegrama (m)	전보	jeon-bo
paquete (m) postal	소포	so-po
giro (m) postal	송금	song-geum
recibir (vt)	받다	bat-da
enviar (vt)	보내다	bo-nae-da
envío (m)	발송	bal-song
dirección (f)	주소	ju-so
código (m) postal	우편 번호	u-pyeon beon-ho
expedidor (m)	발송인	bal-song-in
destinatario (m)	수신인	su-sin-in
nombre (m)	이름	i-reum
apellido (m)	성	seong
tarifa (f)	요금	yo-geum
ordinario (adj)	일반의	il-ba-nui
económico (adj)	경제적인	gyeong-je-jeo-gin
peso (m)	무게	mu-ge
pesar (~ una carta)	무게를 달다	mu-ge-reul dal-da
sobre (m)	봉투	bong-tu
sello (m)	우표	u-pyo

La vivienda. La casa. El hogar

61. La casa. La electricidad

electricidad (f)	전기	jeon-gi
bombilla (f)	전구	jeon-gu
interruptor (m)	스위치	seu-wi-chi
fusible (m)	퓨즈	pyu-jeu
cable, hilo (m)	전선	jeon-seon
instalación (f) eléctrica	배선	bae-seon
contador (m) de luz	전기 계량기	jeon-gi gye-ryang-gi
lectura (f) (~ del contador)	판독값	pan-dok-gap

62. La villa. La mansión

casa (f) de campo	시외 주택	si-oe ju-taek
villa (f)	별장	byeol-jang
ala (f)	동	dong
jardín (m)	정원	jeong-won
parque (m)	공원	gong-won
invernadero (m) tropical	열대온실	yeol-dae-on-sil
cuidar (~ el jardín, etc.)	··· 을 말다	... eul mat-da
piscina (f)	수영장	su-yeong-jang
gimnasio (m)	헬스장	hel-seu-jang
cancha (f) de tenis	테니스장	te-ni-seu-jang
sala (f) de cine	홈씨어터	hom-ssi-eo-teo
garaje (m)	차고	cha-go
propiedad (f) privada	개인 소유물	gae-in so-yu-mul
terreno (m) privado	사유 토지	sa-yu to-ji
advertencia (f)	경고	gyeong-go
letrero (m) de aviso	경고판	gyeong-go-pan
seguridad (f)	보안	bo-an
guardia (m) de seguridad	보안요원	bo-a-nyo-won
alarma (f) antirrobo	도난 경보기	do-nan gyeong-bo-gi

63. El apartamento

apartamento (m)	아파트	a-pa-teu
habitación (f)	방	bang
dormitorio (m)	침실	chim-sil

comedor (m)	식당	sik-dang
salón (m)	거실	geo-sil
despacho (m)	서재	seo-jae
antecámara (f)	곁방	gyeot-bang
cuarto (m) de baño	욕실	yok-sil
servicio (m)	화장실	hwa-jang-sil
techo (m)	천장	cheon-jang
suelo (m)	마루	ma-ru
rincón (m)	구석	gu-seok

64. Los muebles. El interior

muebles (m pl)	가구	ga-gu
mesa (f)	식탁, 테이블	sik-tak, te-i-beul
silla (f)	의자	ui-ja
cama (f)	침대	chim-dae
sofá (m)	소파	so-pa
sillón (m)	안락 의자	al-lak gui-ja
librería (f)	책장	chaek-jang
estante (m)	책꽂이	chaek-kko-ji
armario (m)	옷장	ot-jang
percha (f)	옷걸이	ot-geo-ri
perchero (m) de pie	스탠드옷걸이	seu-taen-deu-ot-geo-ri
cómoda (f)	서랍장	seo-rap-jang
mesa (f) de café	커피 테이블	keo-pi te-i-beul
espejo (m)	거울	geo-ul
tapiz (m)	양탄자	yang-tan-ja
alfombra (f)	러그	reo-geu
chimenea (f)	벽난로	byeong-nan-no
vela (f)	초	cho
candelero (m)	촛대	chot-dae
cortinas (f pl)	커튼	keo-teun
empapelado (m)	벽지	byeok-ji
estor (m) de láminas	블라인드	beul-la-in-deu
lámpara (f) de mesa	테이블 램프	deung
aplique (m)	벽등	byeok-deung
lámpara (f) de pie	플로어 스탠드	peul-lo-eo seu-taen-deu
lámpara (f) de araña	샹들리에	syang-deul-li-e
pata (f) (~ de la mesa)	다리	da-ri
brazo (m)	팔걸이	pal-geo-ri
espaldar (m)	등받이	deung-ba-ji
cajón (m)	서랍	seo-rap

65. Los accesorios de cama

ropa (f) de cama	침구	chim-gu
almohada (f)	베개	be-gae
funda (f)	베갯잇	be-gaen-nit
manta (f)	이불	i-bul
sábana (f)	시트	si-teu
sobrecama (f)	침대보	chim-dae-bo

66. La cocina

cocina (f)	부엌	bu-eok
gas (m)	가스	ga-seu
cocina (f) de gas	가스 레인지	ga-seu re-in-ji
cocina (f) eléctrica	전기 레인지	jeon-gi re-in-ji
horno (m)	오븐	o-beun
horno (m) microondas	전자 레인지	jeon-ja re-in-ji
frigorífico (m)	냉장고	naeng-jang-go
congelador (m)	냉동고	naeng-dong-go
lavavajillas (m)	식기 세척기	sik-gi se-cheok-gi
picadora (f) de carne	고기 분쇄기	go-gi bun-swae-gi
exprimidor (m)	과즙기	gwa-jeup-gi
tostador (m)	토스터	to-seu-teo
batidora (f)	믹서기	mik-seo-gi
cafetera (f) (aparato de cocina)	커피 메이커	keo-pi me-i-keo
cafetera (f) (para servir)	커피 주전자	keo-pi ju-jeon-ja
molinillo (m) de café	커피 그라인더	keo-pi geu-ra-in-deo
hervidor (m) de agua	주전자	ju-jeon-ja
tetera (f)	티팟	ti-pat
tapa (f)	뚜껑	ttu-kkeong
colador (m) de té	차거름망	cha-geo-reum-mang
cuchara (f)	숟가락	sut-ga-rak
cucharilla (f)	티스푼	ti-seu-pun
cuchara (f) de sopa	숟가락	sut-ga-rak
tenedor (m)	포크	po-keu
cuchillo (m)	칼	kal
vajilla (f)	식기	sik-gi
plato (m)	접시	jeop-si
platillo (m)	받침 접시	bat-chim jeop-si
vaso (m) de chupito	소주잔	so-ju-jan
vaso (m) (~ de agua)	유리잔	yu-ri-jan
taza (f)	컵	keop
azucarera (f)	설탕그릇	seol-tang-geu-reut
salero (m)	소금통	so-geum-tong

pimentero (m)	후추통	hu-chu-tong
mantequera (f)	버터 접시	beo-teo jeop-si
cacerola (f)	냄비	naem-bi
sartén (f)	프라이팬	peu-ra-i-paen
cucharón (m)	국자	guk-ja
colador (m)	체	che
bandeja (f)	쟁반	jaeng-ban
botella (f)	병	byeong
tarro (m) de vidrio	유리병	yu-ri-byeong
lata (f)	캔, 깡통	kaen, kkang-tong
abrebotellas (m)	병따개	byeong-tta-gae
abrelatas (m)	깡통 따개	kkang-tong tta-gae
sacacorchos (m)	코르크 마개 뽑이	ko-reu-keu ma-gae ppo-bi
filtro (m)	필터	pil-teo
filtrar (vt)	여과하다	yeo-gwa-ha-da
basura (f)	쓰레기	sseu-re-gi
cubo (m) de basura	쓰레기통	sseu-re-gi-tong

67. El baño

cuarto (m) de baño	욕실	yok-sil
agua (f)	물	mul
grifo (m)	수도꼭지	su-do-kkok-ji
agua (f) caliente	온수	on-su
agua (f) fría	냉수	naeng-su
pasta (f) de dientes	치약	chi-yak
limpiarse los dientes	이를 닦다	i-reul dak-da
afeitarse (vr)	깎다	kkak-da
espuma (f) de afeitar	면도 크림	myeon-do keu-rim
maquinilla (f) de afeitar	면도기	myeon-do-gi
lavar (vt)	씻다	ssit-da
darse un baño	목욕하다	mo-gyok-a-da
ducha (f)	샤워	sya-wo
darse una ducha	샤워하다	sya-wo-ha-da
bañera (f)	욕조	yok-jo
inodoro (m)	변기	byeon-gi
lavabo (m)	세면대	se-myeon-dae
jabón (m)	비누	bi-nu
jabonera (f)	비누 그릇	bi-nu geu-reut
esponja (f)	스펀지	seu-peon-ji
champú (m)	샴푸	syam-pu
toalla (f)	수건	su-geon
bata (f) de baño	목욕가운	mo-gyok-ga-un
colada (f), lavado (m)	빨래	ppal-lae

lavadora (f)	세탁기	se-tak-gi
lavar la ropa	빨래하다	ppal-lae-ha-da
detergente (m) en polvo	가루세제	ga-ru-se-je

68. Los aparatos domésticos

televisor (m)	텔레비전	tel-le-bi-jeon
magnetófono (m)	카세트 플레이어	ka-se-teu peul-le-i-eo
vídeo (m)	비디오테이프 녹화기	bi-di-o-te-i-peu nok-wa-gi
radio (m)	라디오	ra-di-o
reproductor (m) (~ MP3)	플레이어	peul-le-i-eo
proyector (m) de vídeo	프로젝터	peu-ro-jek-teo
sistema (m) home cinema	홈씨어터	hom-ssi-eo-teo
reproductor (m) de DVD	디비디 플레이어	di-bi-di peul-le-i-eo
amplificador (m)	앰프	aem-peu
videoconsola (f)	게임기	ge-im-gi
cámara (f) de vídeo	캠코더	kaem-ko-deo
cámara (f) fotográfica	카메라	ka-me-ra
cámara (f) digital	디지털 카메라	di-ji-teol ka-me-ra
aspirador (m), aspiradora (f)	진공 청소기	jin-gong cheong-so-gi
plancha (f)	다리미	da-ri-mi
tabla (f) de planchar	다림질 판	da-rim-jil pan
teléfono (m)	전화	jeon-hwa
teléfono (m) móvil	휴대폰	hyu-dae-pon
máquina (f) de escribir	타자기	ta-ja-gi
máquina (f) de coser	재봉틀	jae-bong-teul
micrófono (m)	마이크	ma-i-keu
auriculares (m pl)	헤드폰	he-deu-pon
mando (m) a distancia	원격 조종	won-gyeok jo-jong
CD (m)	씨디	ssi-di
casete (m)	테이프	te-i-peu
disco (m) de vinilo	레코드 판	re-ko-deu pan

LAS ACTIVIDADES DE LA GENTE

El trabajo. Los negocios. Unidad 1

69. La oficina. El trabajo de oficina

oficina (f)	사무실	sa-mu-sil
despacho (m)	사무실	sa-mu-sil
recepción (f)	접수처	jeop-su-cheo
secretario (m)	비서	bi-seo
director (m)	사장	sa-jang
manager (m)	매니저	mae-ni-jeo
contable (m)	회계사	hoe-gye-sa
colaborador (m)	직원	ji-gwon
muebles (m pl)	가구	ga-gu
escritorio (m)	책상	chaek-sang
silla (f)	책상 의자	chaek-sang ui-ja
perchero (m) de pie	스텐드옷걸이	seu-taen-deu-ot-geo-ri
ordenador (m)	컴퓨터	keom-pyu-teo
impresora (f)	프린터	peu-rin-teo
fax (m)	팩스기	paek-seu-gi
fotocopiadora (f)	복사기	bok-sa-gi
papel (m)	종이	jong-i
papelería (f)	사무용품	sa-mu-yong-pum
alfombrilla (f) para ratón	마우스 패드	ma-u-seu pae-deu
hoja (f) de papel	한 장	han jang
carpeta (f)	바인더	ba-in-deo
catálogo (m)	카탈로그	ka-tal-lo-geu
directorio (m) telefónico	전화번호부	jeon-hwa-beon-ho-bu
documentación (f)	문서	mun-seo
folleto (m)	브로셔	beu-ro-syeo
prospecto (m)	전단	jeon-dan
muestra (f)	샘플	saem-peul
reunión (f) de formación	수련회를	su-ryeon-hoe-reul
reunión (f)	회의	hoe-ui
pausa (f) del almuerzo	점심시간	jeom-sim-si-gan
hacer una copia	사본을 만들다	sa-bo-neul man-deul-da
hacer copias	복사하다	bok-sa-ha-da
recibir un fax	팩스를 받다	paek-seu-reul bat-da
enviar un fax	팩스를 보내다	paek-seu-reul bo-nae-da
llamar por teléfono	전화하다	jeon-hwa-ha-da
responder (vi, vt)	대답하다	dae-da-pa-da

poner en comunicación	연결해 주다	yeon-gyeol-hae ju-da
fijar (~ una reunión)	마련하다	ma-ryeon-ha-da
demostrar (vt)	전시하다	jeon-si-ha-da
estar ausente	결석하다	gyeol-seok-a-da
ausencia (f)	결근	gyeol-geun

70. Los procesos de negocio. Unidad 1

ocupación (f)	직업	ji-geop
firma (f)	회사	hoe-sa
compañía (f)	회사	hoe-sa
corporación (f)	사단 법인	sa-dan beo-bin
empresa (f)	업체	eop-che
agencia (f)	에이전시	e-i-jeon-si

acuerdo (m)	약정	yak-jeong
contrato (m)	계약	gye-yak
trato (m), acuerdo (m)	거래	geo-rae
pedido (m)	주문	ju-mun
condición (f) del contrato	조건	jo-geon

al por mayor (adv)	도매로	do-mae-ro
al por mayor (adj)	도매의	do-mae-ui
venta (f) al por mayor	도매	do-mae
al por menor (adj)	소매의	so-mae-ui
venta (f) al por menor	소매	so-mae

competidor (m)	경쟁자	gyeong-jaeng-ja
competencia (f)	경쟁	gyeong-jaeng
competir (vi)	경쟁하다	gyeong-jaeng-ha-da

| socio (m) | 파트너 | pa-teu-neo |
| sociedad (f) | 파트너십 | pa-teu-neo-sip |

crisis (f)	위기	wi-gi
bancarrota (f)	파산	pa-san
ir a la bancarrota	파산하다	pa-san-ha-da
dificultad (f)	어려움	eo-ryeo-um
problema (m)	문제	mun-je
catástrofe (f)	재난	jae-nan

economía (f)	경기, 경제	gyeong-gi, gyeong-je
económico (adj)	경제의	gyeong-je-ui
recesión (f) económica	경기침체	gyeong-gi-chim-che

| meta (f) | 목표 | mok-pyo |
| objetivo (m) | 임무 | im-mu |

comerciar (vi)	거래하다	geo-rae-ha-da
red (f) (~ comercial)	네트워크	ne-teu-wo-keu
existencias (f pl)	재고	jae-go
surtido (m)	세트	se-teu
líder (m)	리더	ri-deo
grande (empresa ~)	규모가 큰	gyu-mo-ga keun

monopolio (m)	독점	dok-jeom
teoría (f)	이론	i-ron
práctica (f)	실천	sil-cheon
experiencia (f)	경험	gyeong-heom
tendencia (f)	경향	gyeong-hyang
desarrollo (m)	개발	gae-bal

71. Los procesos de negocio. Unidad 2

| rentabilidad (f) | 수익, 이익 | su-ik, i-ik |
| rentable (adj) | 수익성이 있는 | su-ik-seong-i in-neun |

delegación (f)	대표단	dae-pyo-dan
salario (m)	급여, 월급	geu-byeo, wol-geup
corregir (un error)	고치다	go-chi-da
viaje (m) de negocios	출장	chul-jang
comisión (f)	수수료	su-su-ryo

controlar (vt)	제어하다	je-eo-ha-da
conferencia (f)	회의	hoe-ui
licencia (f)	면허증	myeon-heo-jeung
fiable (socio ~)	믿을 만한	mi-deul man-han

iniciativa (f)	시작	si-jak
norma (f)	표준	pyo-jun
circunstancia (f)	상황	sang-hwang
deber (m)	의무	ui-mu

empresa (f)	조직	jo-jik
organización (f) (proceso)	준비	jun-bi
organizado (adj)	조직된	jo-jik-doen
anulación (f)	취소	chwi-so
anular (vt)	취소하다	chwi-so-ha-da
informe (m)	보고서	bo-go-seo

patente (m)	특허	teuk-eo
patentar (vt)	특허를 받다	teuk-eo-reul bat-da
planear (vt)	계획하다	gye-hoek-a-da

premio (m)	보너스	bo-neo-seu
profesional (adj)	전문가의	jeon-mun-ga-ui
procedimiento (m)	절차	jeol-cha

examinar (vt)	조사하다	jo-sa-ha-da
cálculo (m)	계산	gye-san
reputación (f)	평판	pyeong-pan
riesgo (m)	위험	wi-heom

dirigir (administrar)	운영하다	u-nyeong-ha-da
información (f)	정보	jeong-bo
propiedad (f)	소유	so-yu
unión (f)	연합	yeon-hap
seguro (m) de vida	생명 보험	saeng-myeong bo-heom
asegurar (vt)	보험에 들다	bo-heom-e deul-da

seguro (m)	보험	bo-heom
subasta (f)	경매	gyeong-mae
notificar (informar)	통지하다	tong-ji-ha-da
gestión (f)	주관	ju-gwan
servicio (m)	서비스	seo-bi-seu
foro (m)	포럼	po-reom
funcionar (vi)	기능하다	gi-neung-ha-da
etapa (f)	단계	dan-gye
jurídico (servicios ~s)	법률상의	beom-nyul-sang-ui
jurista (m)	법률고문	beom-nyul-go-mun

72. La producción. Los trabajos

planta (f)	공장	gong-jang
fábrica (f)	공장	gong-jang
taller (m)	작업장	ja-geop-jang
planta (f) de producción	현장	hyeon-jang
industria (f)	산업, 공업	san-eop, gong-eop
industrial (adj)	산업의	san-eo-bui
industria (f) pesada	중공업	jung-gong-eop
industria (f) ligera	경공업	gyeong-gong-eop
producción (f)	제품	je-pum
producir (vt)	제조하다	je-jo-ha-da
materias (f pl) primas	원재료	won-jae-ryo
jefe (m) de brigada	작업반장	ja-geop-ban-jang
brigada (f)	작업반	ja-geop-ban
obrero (m)	노동자	no-dong-ja
día (m) de trabajo	근무일	geun-mu-il
descanso (m)	휴식	hyu-sik
reunión (f)	회의	hoe-ui
discutir (vt)	의논하다	ui-non-ha-da
plan (m)	계획	gye-hoek
cumplir el plan	계획을 수행하다	gye-hoe-geul su-haeng-ha-da
tasa (f) de producción	생산량	saeng-sal-lyang
calidad (f)	품질	pum-jil
control (m)	관리	gwal-li
control (m) de calidad	품질 관리	pum-jil gwal-li
seguridad (f) de trabajo	산업안전	sa-neo-ban-jeon
disciplina (f)	규율	gyu-yul
infracción (f)	위반	wi-ban
violar (las reglas)	위반하다	wi-ban-ha-da
huelga (f)	파업	pa-eop
huelguista (m)	파업자	pa-eop-ja
estar en huelga	파업하다	pa-eo-pa-da
sindicato (m)	노동조합	no-dong-jo-hap
inventar (máquina, etc.)	발명하다	bal-myeong-ha-da

invención (f)	발명	bal-myeong
investigación (f)	연구	yeon-gu
mejorar (vt)	개선하다	gae-seon-ha-da
tecnología (f)	기술	gi-sul
dibujo (m) técnico	건축 도면	geon-chuk do-myeon

cargamento (m)	화물	hwa-mul
cargador (m)	하역부	ha-yeok-bu
cargar (camión, etc.)	싣다	sit-da
carga (f) (proceso)	적재	jeok-jae

descargar (vt)	짐을 부리다	ji-meul bu-ri-da
descarga (f)	짐부리기	jim-bu-ri-gi

transporte (m)	운송	un-song
compañía (f) de transporte	운송 회사	un-song hoe-sa
transportar (vt)	운송하다	un-song-ha-da

vagón (m)	화차	hwa-cha
cisterna (f)	탱크	taeng-keu
camión (m)	트럭	teu-reok

máquina (f) herramienta	공작 기계	gong-jak gi-gye
mecanismo (m)	기계 장치	gi-gye jang-chi

desperdicios (m pl)	산업폐기물	san-eop-pye-gi-mul
empaquetado (m)	포장	po-jang
empaquetar (vt)	포장하다	po-jang-ha-da

73. El contrato. El acuerdo

contrato (m)	계약	gye-yak
acuerdo (m)	약정	yak-jeong
anexo (m)	별첨	byeol-cheom

firmar un contrato	계약에 서명하다	gye-ya-ge seo-myeong-ha-da
firma (f) (nombre)	서명	seo-myeong

firmar (vt)	서명하다	seo-myeong-ha-da
sello (m)	도장	do-jang

objeto (m) del acuerdo	계약 내용	gye-yak nae-yong
cláusula (f)	항	hang

partes (f pl)	양측	yang-cheuk
domicilio (m) legal	법인 주소	beo-bin ju-so

violar el contrato	계약을 위반하다	gye-ya-geul rwi-ban-ha-da
obligación (f)	의무	ui-mu

responsabilidad (f)	책임	chae-gim
fuerza mayor (f)	불가항력	bul-ga-hang-nyeok
disputa (f)	분쟁	bun-jaeng
penalidades (f pl)	제재	je-jae

74. Importación y exportación

importación (f)	수입	su-ip
importador (m)	수입업자	su-i-beop-ja
importar (vt)	수입하다	su-i-pa-da
de importación (adj)	수입의	su-i-bui
exportador (m)	수출업자	su-chu-reop-ja
exportar (vt)	수출하다	su-chul-ha-da
mercancía (f)	상품	sang-pum
lote (m) de mercancías	탁송물	tak-song-mul
peso (m)	무게	mu-ge
volumen (m)	부피	bu-pi
metro (m) cúbico	입방 미터	ip-bang mi-teo
productor (m)	생산자	saeng-san-ja
compañía (f) de transporte	운송 회사	un-song hoe-sa
contenedor (m)	컨테이너	keon-te-i-neo
frontera (f)	국경	guk-gyeong
aduana (f)	세관	se-gwan
derechos (m pl) arancelarios	관세	gwan-se
aduanero (m)	세관원	se-gwan-won
contrabandismo (m)	밀수입	mil-su-ip
contrabando (m)	밀수품	mil-su-pum

75. Las finanzas

acción (f)	주식	ju-sik
bono (m), obligación (f)	채권	chae-gwon
letra (f) de cambio	어음	eo-eum
bolsa (f)	증권거래소	jeung-gwon-geo-rae-so
cotización (f) de valores	주가	ju-ga
abaratarse (vr)	내리다	nae-ri-da
encarecerse (vr)	오르다	o-reu-da
interés (m) mayoritario	지배 지분	ji-bae ji-bun
inversiones (f pl)	투자	tu-ja
invertir (vi, vt)	투자하다	tu-ja-ha-da
porcentaje (m)	퍼센트	peo-sen-teu
interés (m)	이자	i-ja
beneficio (m)	수익, 이익	su-ik, i-ik
beneficioso (adj)	수익성이 있는	su-ik-seong-i in-neun
impuesto (m)	세금	se-geum
divisa (f)	통화	tong-hwa
nacional (adj)	국가의	guk-ga-ui
cambio (m)	환전	hwan-jeon

contable (m)	회계사	hoe-gye-sa
contaduría (f)	회계	hoe-gye

bancarrota (f)	파산	pa-san
quiebra (f)	붕괴	bung-goe
ruina (f)	파산	pa-san
arruinarse (vr)	파산하다	pa-san-ha-da
inflación (f)	인플레이션	in-peul-le-i-syeon
devaluación (f)	평가절하	pyeong-ga-jeol-ha

capital (m)	자본	ja-bon
ingresos (m pl)	소득	so-deuk
volumen (m) de negocio	총매출액	chong-mae-chu-raek
recursos (m pl)	재원을	jae-wo-neul
recursos (m pl) monetarios	재정 자원을	jae-jeong ja-wo-neul
reducir (vt)	줄이다	ju-ri-da

76. La mercadotecnia

mercadotecnia (f)	마케팅	ma-ke-ting
mercado (m)	시장	si-jang
segmento (m) del mercado	시장 분야	si-jang bu-nya
producto (m)	제품	je-pum
mercancía (f)	상품	sang-pum
marca (f) comercial	트레이드마크	teu-re-i-deu-ma-keu
logotipo (m)	로고	ro-go
logo (m)	로고	ro-go
demanda (f)	수요	su-yo
oferta (f)	공급	gong-geup
necesidad (f)	필요	pi-ryo
consumidor (m)	소비자	so-bi-ja
análisis (m)	분석	bun-seok
analizar (vt)	분석하다	bun-seok-a-da
posicionamiento (m)	포지셔닝	po-ji-syeo-ning
posicionar (vt)	포지셔닝하다	po-ji-syeo-ning-ha-da
precio (m)	가격	ga-gyeok
política (f) de precios	가격 정책	ga-gyeok jeong-chaek
formación (f) de precios	가격 형성	ga-gyeok yeong-seong

77. La publicidad

publicidad (f)	광고	gwang-go
publicitar (vt)	광고하다	gwang-go-ha-da
presupuesto (m)	예산	ye-san
anuncio (m) publicitario	광고	gwang-go
publicidad (f) televisiva	텔레비전 광고	tel-le-bi-jeon gwang-go
publicidad (f) radiofónica	라디오 광고	ra-di-o gwang-go

publicidad (f) exterior	옥외 광고	o-goe gwang-go
medios (m pl) de comunicación de masas	매체	mae-che
periódico (m)	정기 간행물	jeong-gi gan-haeng-mul
imagen (f)	이미지	i-mi-ji
consigna (f)	슬로건	seul-lo-geon
divisa (f)	표어	pyo-eo
campaña (f)	캠페인	kaem-pe-in
campaña (f) publicitaria	광고 캠페인	gwang-go kaem-pe-in
auditorio (m) objetivo	공략 대상	gong-nyak dae-sang
tarjeta (f) de visita	명함	myeong-ham
prospecto (m)	전단	jeon-dan
folleto (m)	브로셔	beu-ro-syeo
panfleto (m)	팜플렛	pam-peul-let
boletín (m)	회보	hoe-bo
letrero (m) (~ luminoso)	간판	gan-pan
pancarta (f)	포스터	po-seu-teo
valla (f) publicitaria	광고판	gwang-go-pan

78. La banca

banco (m)	은행	eun-haeng
sucursal (f)	지점	ji-jeom
consultor (m)	행원	haeng-won
gerente (m)	지배인	ji-bae-in
cuenta (f)	은행계좌	eun-haeng-gye-jwa
numero (m) de la cuenta	계좌 번호	gye-jwa beon-ho
cuenta (f) corriente	당좌	dang-jwa
cuenta (f) de ahorros	보통 예금	bo-tong ye-geum
abrir una cuenta	계좌를 열다	gye-jwa-reul ryeol-da
cerrar la cuenta	계좌를 해지하다	gye-jwa-reul hae-ji-ha-da
ingresar en la cuenta	계좌에 입금하다	ip-geum-ha-da
sacar de la cuenta	출금하다	chul-geum-ha-da
depósito (m)	저금	jeo-geum
hacer un depósito	입금하다	ip-geum-ha-da
giro (m) bancario	송금	song-geum
hacer un giro	송금하다	song-geum-ha-da
suma (f)	액수	aek-su
¿Cuánto?	얼마?	eol-ma?
firma (f) (nombre)	서명	seo-myeong
firmar (vt)	서명하다	seo-myeong-ha-da
tarjeta (f) de crédito	신용 카드	si-nyong ka-deu
código (m)	비밀번호	bi-mil-beon-ho

número (m) de tarjeta de crédito	신용 카드 번호	si-nyong ka-deu beon-ho
cajero (m) automático	현금 자동 지급기	hyeon-geum ja-dong ji-geup-gi
cheque (m)	수표	su-pyo
sacar un cheque	수표를 끊다	su-pyo-reul kkeun-ta
talonario (m)	수표책	su-pyo-chaek
crédito (m)	대출	dae-chul
pedir el crédito	대출 신청하다	dae-chul sin-cheong-ha-da
obtener un crédito	대출을 받다	dae-chu-reul bat-da
conceder un crédito	대출하다	dae-chul-ha-da
garantía (f)	담보	dam-bo

79. El teléfono. Las conversaciones telefónicas

teléfono (m)	전화	jeon-hwa
teléfono (m) móvil	휴대폰	hyu-dae-pon
contestador (m)	자동 응답기	ja-dong eung-dap-gi
llamar, telefonear	전화하다	jeon-hwa-ha-da
llamada (f)	통화	tong-hwa
marcar un número	번호로 걸다	beon-ho-ro geol-da
¿Sí?, ¿Dígame?	여보세요!	yeo-bo-se-yo!
preguntar (vt)	묻다	mut-da
responder (vi, vt)	전화를 받다	jeon-hwa-reul bat-da
oír (vt)	듣다	deut-da
bien (adv)	잘	jal
mal (adv)	좋지 않은	jo-chi a-neun
ruidos (m pl)	잡음	ja-beum
auricular (m)	수화기	su-hwa-gi
descolgar (el teléfono)	전화를 받다	jeon-hwa-reul bat-da
colgar el auricular	전화를 끊다	jeon-hwa-reul kkeun-ta
ocupado (adj)	통화 중인	tong-hwa jung-in
sonar (teléfono)	울리다	ul-li-da
guía (f) de teléfonos	전화 번호부	jeon-hwa beon-ho-bu
local (adj)	시내의	si-nae-ui
de larga distancia	장거리의	jang-geo-ri-ui
internacional (adj)	국제적인	guk-je-jeo-gin

80. El teléfono celular

teléfono (m) móvil	휴대폰	hyu-dae-pon
pantalla (f)	화면	hwa-myeon
botón (m)	버튼	beo-teun
tarjeta SIM (f)	SIM 카드	SIM ka-deu

pila (f)	건전지	geon-jeon-ji
descargarse (vr)	나가다	na-ga-da
cargador (m)	충전기	chung-jeon-gi

menú (m)	메뉴	me-nyu
preferencias (f pl)	설정	seol-jeong
melodía (f)	벨소리	bel-so-ri
seleccionar (vt)	선택하다	seon-taek-a-da

calculadora (f)	계산기	gye-san-gi
contestador (m)	자동 응답기	ja-dong eung-dap-gi
despertador (m)	알람 시계	al-lam si-gye
contactos (m pl)	연락처	yeol-lak-cheo

| mensaje (m) de texto | 문자 메시지 | mun-ja me-si-ji |
| abonado (m) | 가입자 | ga-ip-ja |

81. Los artículos de escritorio. La papelería

| bolígrafo (m) | 볼펜 | bol-pen |
| pluma (f) estilográfica | 만년필 | man-nyeon-pil |

lápiz (m)	연필	yeon-pil
marcador (m)	형광펜	hyeong-gwang-pen
rotulador (m)	사인펜	sa-in-pen

| bloc (m) de notas | 공책 | gong-chaek |
| agenda (f) | 수첩 | su-cheop |

regla (f)	자	ja
calculadora (f)	계산기	gye-san-gi
goma (f) de borrar	지우개	ji-u-gae
chincheta (f)	압정	ap-jeong
clip (m)	클립	keul-lip

cola (f), pegamento (m)	접착제	jeop-chak-je
grapadora (f)	호치키스	ho-chi-ki-seu
perforador (m)	펀치	peon-chi
sacapuntas (m)	연필깎이	yeon-pil-kka-kki

82. Tipos de negocios

contabilidad (f)	회계 서비스	hoe-gye seo-bi-seu
publicidad (f)	광고	gwang-go
agencia (f) de publicidad	광고 회사	gwang-go hoe-sa
climatizadores (m pl)	에어컨	e-eo-keon
compañía (f) aérea	항공사	hang-gong-sa

bebidas (f pl) alcohólicas	주류	ju-ryu
antigüedad (f)	골동품	gol-dong-pum
galería (f) de arte	미술관	mi-sul-gwan
servicios (m pl) de auditoría	회계 감사	hoe-gye gam-sa

negocio (m) bancario	금융업계	geu-myung-eop-gye
bar (m)	바	ba
salón (m) de belleza	미장원	mi-jang-won
librería (f)	서점	seo-jeom
fábrica (f) de cerveza	맥주 양조장	maek-ju yang-jo-jang
centro (m) de negocios	비즈니스 센터	bi-jeu-ni-seu sen-teo
escuela (f) de negocios	비즈니스 스쿨	bi-jeu-ni-seu seu-kul
casino (m)	카지노	ka-ji-no
construcción (f)	건설	geon-seol
consultoría (f)	컨설팅	keon-seol-ting
estomatología (f)	치과 병원	chi-gwa byeong-won
diseño (m)	디자인	di-ja-in
farmacia (f)	약국	yak-guk
tintorería (f)	드라이 클리닝	deu-ra-i keul-li-ning
agencia (f) de empleo	직업 소개소	ji-geop so-gae-so
servicios (m pl) financieros	재무 서비스	jae-mu seo-bi-seu
productos alimenticios	식품	sik-pum
funeraria (f)	장례식장	jang-nye-sik-jang
muebles (m pl)	가구	ga-gu
ropa (f)	옷	ot
hotel (m)	호텔	ho-tel
helado (m)	아이스크림	a-i-seu-keu-rim
industria (f)	산업, 공업	san-eop, gong-eop
seguro (m)	보험	bo-heom
internet (m), red (f)	인터넷	in-teo-net
inversiones (f pl)	투자	tu-ja
joyero (m)	보석 상인	bo-seok sang-in
joyería (f)	보석	bo-seok
lavandería (f)	세탁소	se-tak-so
asesoría (f) jurídica	법률컨설팅	beom-nyul-keon-seol-ting
industria (f) ligera	경공업	gyeong-gong-eop
revista (f)	잡지	jap-ji
medicina (f)	의학	ui-hak
cine (m) (iremos al ~)	영화관	yeong-hwa-gwan
museo (m)	박물관	bang-mul-gwan
agencia (f) de información	통신사	tong-sin-sa
periódico (m)	신문	sin-mun
club (m) nocturno	나이트 클럽	na-i-teu keul-leop
petróleo (m)	석유	seo-gyu
servicio (m) de entrega	문서 송달 회사	mun-seo song-dal hoe-sa
industria (f) farmacéutica	의약	ui-yak
poligrafía (f)	인쇄산업	in-swae-san-eop
editorial (f)	출판사	chul-pan-sa
radio (f)	라디오	ra-di-o
inmueble (m)	부동산	bu-dong-san
restaurante (m)	레스토랑	re-seu-to-rang
agencia (f) de seguridad	보안 회사	bo-an hoe-sa

deporte (m)	스포츠	seu-po-cheu
bolsa (f) de comercio	증권거래소	jeung-gwon-geo-rae-so
tienda (f)	가게, 상점	ga-ge, sang-jeom
supermercado (m)	슈퍼마켓	syu-peo-ma-ket
piscina (f)	수영장	su-yeong-jang
taller (m)	양복점	yang-bok-jeom
televisión (f)	텔레비전	tel-le-bi-jeon
teatro (m)	극장	geuk-jang
comercio (m)	거래	geo-rae
servicios de transporte	운송	un-song
turismo (m)	관광산업	gwan-gwang-sa-neop
veterinario (m)	수의사	su-ui-sa
almacén (m)	창고	chang-go
recojo (m) de basura	쓰레기 수거	sseu-re-gi su-geo

El trabajo. Los negocios. Unidad 2

83. La exhibición. La feria comercial

exposición, feria (f)	전시회	jeon-si-hoe
feria (f) comercial	상품 전시회	sang-pum jeon-si-hoe
participación (f)	참가	cham-ga
participar (vi)	참가하다	cham-ga-ha-da
participante (m)	참가자	cham-ga-ja
director (m)	대표이사	dae-pyo-i-sa
dirección (f)	조직위원회	jo-ji-gwi-won-hoe
organizador (m)	조직위원회	jo-ji-gwi-won-hoe
organizar (vt)	조직하다	jo-jik-a-da
solicitud (f) de participación	참가 신청서	cham-ga sin-cheong-seo
rellenar (vt)	작성하다	jak-seong-ha-da
detalles (m pl)	상세	sang-se
información (f)	정보	jeong-bo
precio (m)	가격	ga-gyeok
incluso	포함하여	po-ham-ha-yeo
incluir (vt)	포함하다	po-ham-ha-da
pagar (vi, vt)	지불하다	ji-bul-ha-da
cuota (f) de registro	등록비	deung-nok-bi
entrada (f)	입구	ip-gu
pabellón (m)	전시실	jeon-si-sil
registrar (vt)	등록하다	deung-nok-a-da
tarjeta (f) de identificación	명찰	myeong-chal
stand (m) de feria	부스	bu-seu
reservar (vt)	예약하다	ye-yak-a-da
vitrina (f)	진열장	ji-nyeol-jang
lámpara (f)	스포트라이트	seu-po-teu-ra-i-teu
diseño (m)	디자인	di-ja-in
poner (colocar)	배치하다	bae-chi-ha-da
distribuidor (m)	배급업자	bae-geu-beop-ja
proveedor (m)	공급자	gong-geup-ja
país (m)	나라	na-ra
extranjero (adj)	외국의	oe-gu-gui
producto (m)	제품	je-pum
asociación (f)	협회	hyeo-poe
sala (f) de conferencias	회의장	hoe-ui-jang
congreso (m)	회의	hoe-ui

concurso (m)	컨테스트	keon-te-seu-teu
visitante (m)	방문객	bang-mun-gaek
visitar (vt)	방문하다	bang-mun-ha-da
cliente (m)	고객	go-gaek

84. La ciencia. La investigación. Los científicos

ciencia (f)	과학	gwa-hak
científico (adj)	과학의	gwa-ha-gui
científico (m)	과학자	gwa-hak-ja
teoría (f)	이론	i-ron

axioma (m)	공리	gong-ni
análisis (m)	분석	bun-seok
analizar (vt)	분석하다	bun-seok-a-da
argumento (m)	주장	ju-jang
sustancia (f) (materia)	물질	mul-jil

hipótesis (f)	가설	ga-seol
dilema (m)	딜레마	dil-le-ma
tesis (f) de grado	학위 논문	ha-gwi non-mun
dogma (m)	도그마	do-geu-ma

doctrina (f)	학설	hak-seol
investigación (f)	연구	yeon-gu
investigar (vt)	연구하다	yeon-gu-ha-da
prueba (f)	실험	sil-heom
laboratorio (m)	연구실	yeon-gu-sil

método (m)	방법	bang-beop
molécula (f)	분자	bun-ja
seguimiento (m)	감시	gam-si
descubrimiento (m)	발견	bal-gyeon

postulado (m)	공준	gong-jun
principio (m)	원칙	won-chik
pronóstico (m)	예상	ye-sang
pronosticar (vt)	예상하다	ye-sang-ha-da

síntesis (f)	종합	jong-hap
tendencia (f)	경향	gyeong-hyang
teorema (m)	정리	jeong-ni

enseñanzas (f pl)	가르침	ga-reu-chim
hecho (m)	사실	sa-sil
expedición (f)	탐험	tam-heom
experimento (m)	실험	sil-heom

académico (m)	아카데미 회원	a-ka-de-mi hoe-won
bachiller (m)	학사	hak-sa
doctorado (m)	박사	bak-sa
docente (m)	부교수	bu-gyo-su
Master (m) (~ en Letras)	석사	seok-sa
profesor (m)	교수	gyo-su

Las profesiones y los oficios

85. La búsqueda de trabajo. El despido

trabajo (m)	직업	ji-geop
personal (m)	직원	ji-gwon
carrera (f)	경력	gyeong-nyeok
perspectiva (f)	전망	jeon-mang
maestría (f)	숙달	suk-dal
selección (f)	선발	seon-bal
agencia (f) de empleo	직업 소개소	ji-geop so-gae-so
curriculum vitae (m)	이력서	i-ryeok-seo
entrevista (f)	면접	myeon-jeop
vacancia (f)	결원	gyeo-rwon
salario (m)	급여, 월급	geu-byeo, wol-geup
salario (m) fijo	고정급	go-jeong-geup
remuneración (f)	급료	geum-nyo
puesto (m) (trabajo)	직위	ji-gwi
deber (m)	의무	ui-mu
gama (f) de deberes	업무범위	eom-mu-beom-wi
ocupado (adj)	바쁜	ba-ppeun
despedir (vt)	해고하다	hae-go-ha-da
despido (m)	해고	hae-go
desempleo (m)	실업	si-reop
desempleado (m)	실업자	si-reop-ja
jubilación (f)	은퇴	eun-toe
jubilarse	은퇴하다	eun-toe-ha-da

86. Los negociantes

director (m)	사장	sa-jang
gerente (m)	지배인	ji-bae-in
jefe (m)	상사	**sang-sa**
superior (m)	상사	sang-sa
superiores (m pl)	상사	sang-sa
presidente (m)	회장	hoe-jang
presidente (m) (de compañía)	의장	ui-jang
adjunto (m)	부 ...	bu ...
asistente (m)	조수	jo-su
secretario, -a (m, f)	비서	bi-seo

secretario (m) particular	개인 비서	gae-in bi-seo
hombre (m) de negocios	사업가	sa-eop-ga
emprendedor (m)	사업가	sa-eop-ga
fundador (m)	설립자	seol-lip-ja
fundar (vt)	설립하다	seol-li-pa-da
institutor (m)	설립자	seol-lip-ja
socio (m)	파트너	pa-teu-neo
accionista (m)	주주	ju-ju
millonario (m)	백만장자	baeng-man-jang-ja
multimillonario (m)	억만장자	eong-man-jang-ja
propietario (m)	소유자	so-yu-ja
terrateniente (m)	토지 소유자	to-ji so-yu-ja
cliente (m)	고객	go-gaek
cliente (m) habitual	단골	dan-gol
comprador (m)	구매자	gu-mae-ja
visitante (m)	방문객	bang-mun-gaek
profesional (m)	전문가	jeon-mun-ga
experto (m)	전문가	jeon-mun-ga
especialista (m)	전문가	jeon-mun-ga
banquero (m)	은행가	eun-haeng-ga
broker (m)	브로커	beu-ro-keo
cajero (m)	계산원	gye-san-won
contable (m)	회계사	hoe-gye-sa
guardia (m) de seguridad	보안요원	bo-a-nyo-won
inversionista (m)	투자가	tu-ja-ga
deudor (m)	채무자	chae-mu-ja
acreedor (m)	빚쟁이	bit-jaeng-i
prestatario (m)	차용인	cha-yong-in
importador (m)	수입업자	su-i-beop-ja
exportador (m)	수출업자	su-chu-reop-ja
productor (m)	생산자	saeng-san-ja
distribuidor (m)	배급업자	bae-geu-beop-ja
intermediario (m)	중간상인	jung-gan-sang-in
asesor (m) (~ fiscal)	컨설턴트	keon-seol-teon-teu
representante (m)	판매 대리인	pan-mae dae-ri-in
agente (m)	중개인	jung-gae-in
agente (m) de seguros	보험설계사	bo-heom-seol-gye-sa

87. Los trabajos de servicio

cocinero (m)	요리사	yo-ri-sa
jefe (m) de cocina	주방장	ju-bang-jang
panadero (m)	제빵사	je-ppang-sa
barman (m)	바텐더	ba-ten-deo

camarero (m)	웨이터	we-i-teo
camarera (f)	웨이트리스	we-i-teu-ri-seu
abogado (m)	변호사	byeon-ho-sa
jurista (m)	법률고문	beom-nyul-go-mun
notario (m)	공증인	gong-jeung-in
electricista (m)	전기 기사	jeon-gi gi-sa
fontanero (m)	배관공	bae-gwan-gong
carpintero (m)	목수	mok-su
masajista (m)	안마사	an-ma-sa
masajista (f)	안마사	an-ma-sa
médico (m)	의사	ui-sa
taxista (m)	택시 운전 기사	taek-si un-jeon gi-sa
chofer (m)	운전 기사	un-jeon gi-sa
repartidor (m)	배달원	bae-da-rwon
camarera (f)	객실 청소부	gaek-sil cheong-so-bu
guardia (m) de seguridad	보안요원	bo-a-nyo-won
azafata (f)	승무원	seung-mu-won
profesor (m) (~ de baile, etc.)	선생님	seon-saeng-nim
bibliotecario (m)	사서	sa-seo
traductor (m)	번역가	beo-nyeok-ga
intérprete (m)	통역가	tong-yeok-ga
guía (m)	가이드	ga-i-deu
peluquero (m)	미용사	mi-yong-sa
cartero (m)	우체부	u-che-bu
vendedor (m)	점원	jeom-won
jardinero (m)	정원사	jeong-won-sa
servidor (m)	하인	ha-in
criada (f)	하녀	ha-nyeo
mujer (f) de la limpieza	청소부	cheong-so-bu

88. La profesión militar y los rangos

soldado (m) raso	일병	il-byeong
sargento (m)	병장	byeong-jang
teniente (m)	중위	jung-wi
capitán (m)	대위	dae-wi
mayor (m)	소령	so-ryeong
coronel (m)	대령	dae-ryeong
general (m)	장군	jang-gun
mariscal (m)	원수	won-su
almirante (m)	제독	je-dok
militar (m)	군인	gun-in
soldado (m)	군인	gun-in
oficial (m)	장교	jang-gyo

comandante (m)	사령관	sa-ryeong-gwan
guardafronteras (m)	국경 수비대원	guk-gyeong su-bi-dae-won
radio-operador (m)	무선 기사	mu-seon gi-sa
explorador (m)	정찰병	jeong-chal-byeong
zapador (m)	공병대원	gong-byeong-dae-won
tirador (m)	사수	sa-su
navegador (m)	항법사	hang-beop-sa

89. Los oficiales. Los sacerdotes

rey (m)	왕	wang
reina (f)	여왕	yeo-wang
príncipe (m)	왕자	wang-ja
princesa (f)	공주	gong-ju
zar (m)	차르	cha-reu
zarina (f)	여황제	yeo-hwang-je
presidente (m)	대통령	dae-tong-nyeong
ministro (m)	장관	jang-gwan
primer ministro (m)	총리	chong-ni
senador (m)	상원의원	sang-won-ui-won
diplomático (m)	외교관	oe-gyo-gwan
cónsul (m)	영사	yeong-sa
embajador (m)	대사	dae-sa
consejero (m)	고문관	go-mun-gwan
funcionario (m)	공무원	gong-mu-won
prefecto (m)	도지사, 현감	do-ji-sa, hyeon-gam
alcalde (m)	시장	si-jang
juez (m)	판사	pan-sa
fiscal (m)	검사	geom-sa
misionero (m)	선교사	seon-gyo-sa
monje (m)	수도사	su-do-sa
abad (m)	수도원장	su-do-won-jang
rabino (m)	랍비	rap-bi
visir (m)	고관	go-gwan
sha (m)	샤	sya
jeque (m)	셰이크	sye-i-keu

90. Las profesiones agrícolas

apicultor (m)	양봉가	yang-bong-ga
pastor (m)	목동	mok-dong
agrónomo (m)	농학자	nong-hak-ja
ganadero (m)	목축업자	mok-chu-geop-ja
veterinario (m)	수의사	su-ui-sa

granjero (m)	농부	nong-bu
vinicultor (m)	포도주 제조자	po-do-ju je-jo-ja
zoólogo (m)	동물학자	dong-mul-hak-ja
vaquero (m)	카우보이	ka-u-bo-i

91. Las profesiones artísticas

actor (m)	배우	bae-u
actriz (f)	여배우	yeo-bae-u
cantante (m)	가수	ga-su
cantante (f)	여가수	yeo-ga-su
bailarín (m)	무용가	mu-yong-ga
bailarina (f)	여성 무용가	yeo-seong mu-yong-ga
artista (m)	공연자	gong-yeon-ja
artista (f)	여성 공연자	yeo-seong gong-yeon-ja
músico (m)	음악가	eum-ak-ga
pianista (m)	피아니스트	pi-a-ni-seu-teu
guitarrista (m)	기타 연주자	gi-ta yeon-ju-ja
director (m) de orquesta	지휘자	ji-hwi-ja
compositor (m)	작곡가	jak-gok-ga
empresario (m)	기획자	gi-hoek-ja
director (m) de cine	영화감독	yeong-hwa-gam-dok
productor (m)	제작자	je-jak-ja
guionista (m)	시나리오 작가	si-na-ri-o jak-ga
crítico (m)	미술 비평가	mi-sul bi-pyeong-ga
escritor (m)	작가	jak-ga
poeta (m)	시인	si-in
escultor (m)	조각가	jo-gak-ga
pintor (m)	화가	hwa-ga
malabarista (m)	저글러	jeo-geul-leo
payaso (m)	어릿광대	eo-rit-gwang-dae
acróbata (m)	곡예사	go-gye-sa
ilusionista (m)	마술사	ma-sul-sa

92. Profesiones diversas

médico (m)	의사	ui-sa
enfermera (f)	간호사	gan-ho-sa
psiquiatra (m)	정신과 의사	jeong-sin-gwa ui-sa
dentista (m)	치과 의사	chi-gwa ui-sa
cirujano (m)	외과 의사	oe-gwa ui-sa
astronauta (m)	우주비행사	u-ju-bi-haeng-sa
astrónomo (m)	천문학자	cheon-mun-hak-ja

Español	Coreano	Romanización
conductor (m) (chófer)	운전 기사	un-jeon gi-sa
maquinista (m)	기관사	gi-gwan-sa
mecánico (m)	정비공	jeong-bi-gong
minero (m)	광부	gwang-bu
obrero (m)	노동자	no-dong-ja
cerrajero (m)	자물쇠공	ja-mul-soe-gong
carpintero (m)	목수	mok-su
tornero (m)	선반공	seon-ban-gong
albañil (m)	공사장 인부	gong-sa-jang in-bu
soldador (m)	용접공	yong-jeop-gong
profesor (m) (título)	교수	gyo-su
arquitecto (m)	건축가	geon-chuk-ga
historiador (m)	역사학자	yeok-sa-hak-ja
científico (m)	과학자	gwa-hak-ja
físico (m)	물리학자	mul-li-hak-ja
químico (m)	화학자	hwa-hak-ja
arqueólogo (m)	고고학자	go-go-hak-ja
geólogo (m)	지질학자	ji-jil-hak-ja
investigador (m)	연구원	yeon-gu-won
niñera (f)	애기보는 사람	ae-gi-bo-neun sa-ram
pedagogo (m)	교사	gyo-sa
redactor (m)	편집자	pyeon-jip-ja
redactor jefe (m)	편집장	pyeon-jip-jang
corresponsal (m)	통신원	tong-sin-won
mecanógrafa (f)	타이피스트	ta-i-pi-seu-teu
diseñador (m)	디자이너	di-ja-i-neo
especialista (m) en ordenadores	컴퓨터 전문가	keom-pyu-teo jeon-mun-ga
programador (m)	프로그래머	peu-ro-geu-rae-meo
ingeniero (m)	엔지니어	en-ji-ni-eo
marino (m)	선원	seon-won
marinero (m)	수부	su-bu
socorrista (m)	구조자	gu-jo-ja
bombero (m)	소방관	so-bang-gwan
policía (m)	경찰관	gyeong-chal-gwan
vigilante (m) nocturno	경비원	gyeong-bi-won
detective (m)	형사	hyeong-sa
aduanero (m)	세관원	se-gwan-won
guardaespaldas (m)	경호원	gyeong-ho-won
guardia (m) de prisiones	간수	gan-su
inspector (m)	감독관	gam-dok-gwan
deportista (m)	스포츠맨	seu-po-cheu-maen
entrenador (m)	코치	ko-chi
carnicero (m)	정육점 주인	jeong-yuk-jeom ju-in
zapatero (m)	구둣방	gu-dut-bang
comerciante (m)	상인	sang-in

cargador (m)	하역부	ha-yeok-bu
diseñador (m) de modas	패션 디자이너	pae-syeon di-ja-i-neo
modelo (f)	모델	mo-del

93. Los trabajos. El estatus social

escolar (m)	남학생	nam-hak-saeng
estudiante (m)	대학생	dae-hak-saeng
filósofo (m)	철학자	cheol-hak-ja
economista (m)	경제 학자	gyeong-je hak-ja
inventor (m)	발명가	bal-myeong-ga
desempleado (m)	실업자	si-reop-ja
jubilado (m)	은퇴자	eun-toe-ja
espía (m)	비밀요원	bi-mi-ryo-won
prisionero (m)	죄수	joe-su
huelguista (m)	파업자	pa-eop-ja
burócrata (m)	관료	gwal-lyo
viajero (m)	여행자	yeo-haeng-ja
homosexual (m)	동성애자	dong-seong-ae-ja
hacker (m)	해커	hae-keo
bandido (m)	산적	san-jeok
sicario (m)	살인 청부업자	sa-rin cheong-bu-eop-ja
drogadicto (m)	마약 중독자	ma-yak jung-dok-ja
narcotraficante (m)	마약 밀매자	ma-yak mil-mae-ja
prostituta (f)	매춘부	mae-chun-bu
chulo (m), proxeneta (m)	포주	po-ju
brujo (m)	마법사	ma-beop-sa
bruja (f)	여자 마법사	yeo-ja ma-beop-sa
pirata (m)	해적	hae-jeok
esclavo (m)	노예	no-ye
samurai (m)	사무라이	sa-mu-ra-i
salvaje (m)	야만인	ya-man-in

La educación

94. La escuela

escuela (f)	학교	hak-gyo
director (m) de escuela	교장	gyo-jang
alumno (m)	남학생	nam-hak-saeng
alumna (f)	여학생	yeo-hak-saeng
escolar (m)	남학생	nam-hak-saeng
escolar (f)	여학생	yeo-hak-saeng
enseñar (vt)	가르치다	ga-reu-chi-da
aprender (ingles, etc.)	배우다	bae-u-da
aprender de memoria	암기하다	am-gi-ha-da
aprender (a leer, etc.)	배우다	bae-u-da
estar en la escuela	재학 중이다	jae-hak jung-i-da
ir a la escuela	학교에 가다	hak-gyo-e ga-da
alfabeto (m)	알파벳	al-pa-bet
materia (f)	과목	gwa-mok
aula (f)	교실	gyo-sil
lección (f)	수업	su-eop
recreo (m)	쉬는 시간	swi-neun si-gan
campana (f)	수업종	su-eop-jong
pupitre (m)	학교 책상	hak-gyo chaek-sang
pizarra (f)	칠판	chil-pan
nota (f)	성적	seong-jeok
buena nota (f)	좋은 성적	jo-eun seong-jeok
mala nota (f)	나쁜 성적	na-ppeun seong-jeok
poner una nota	성적을 매기다	seong-jeo-geul mae-gi-da
falta (f)	실수	sil-su
hacer faltas	실수하다	sil-su-ha-da
corregir (un error)	고치다	go-chi-da
chuleta (f)	커닝 페이퍼	keo-ning pe-i-peo
deberes (m pl) de casa	숙제	suk-je
ejercicio (m)	연습 문제	yeon-seup mun-je
estar presente	출석하다	chul-seok-a-da
estar ausente	결석하다	gyeol-seok-a-da
castigar (vt)	처벌하다	cheo-beol-ha-da
castigo (m)	벌	beol
conducta (f)	처신	cheo-sin
libreta (f) de notas	성적표	seong-jeok-pyo

lápiz (m)	연필	yeon-pil
goma (f) de borrar	지우개	ji-u-gae
tiza (f)	분필	bun-pil
cartuchera (f)	필통	pil-tong
mochila (f)	책가방	chaek-ga-bang
bolígrafo (m)	펜	pen
cuaderno (m)	노트	no-teu
manual (m)	교과서	gyo-gwa-seo
compás (m)	컴퍼스	keom-peo-seu
trazar (vi, vt)	제도하다	je-do-ha-da
dibujo (m) técnico	건축 도면	geon-chuk do-myeon
poema (m), poesía (f)	시	si
de memoria (adv)	외워서	oe-wo-seo
aprender de memoria	암기하다	am-gi-ha-da
vacaciones (f pl)	학교 방학	bang-hak
estar de vacaciones	방학 중이다	bang-hak jung-i-da
prueba (f) escrita	필기 시험	pil-gi si-heom
composición (f)	논술	non-sul
dictado (m)	받아쓰기 시험	ba-da-sseu-gi si-heom
examen (m)	시험	si-heom
hacer un examen	시험을 보다	si-heo-meul bo-da
experimento (m)	실험	sil-heom

95. Los institutos. La Universidad

academia (f)	아카데미	a-ka-de-mi
universidad (f)	대학교	dae-hak-gyo
facultad (f)	교수진	gyo-su-jin
estudiante (m)	대학생	dae-hak-saeng
estudiante (f)	여대생	yeo-dae-saeng
profesor (m)	강사	gang-sa
aula (f)	교실	gyo-sil
graduado (m)	졸업생	jo-reop-saeng
diploma (m)	졸업증	jo-reop-jeung
tesis (f) de grado	학위 논문	ha-gwi non-mun
estudio (m)	연구	yeon-gu
laboratorio (m)	연구실	yeon-gu-sil
clase (f)	강의	gang-ui
compañero (m) de curso	대학 동급생	dae-hak dong-geup-saeng
beca (f)	장학금	jang-hak-geum
grado (m) académico	학위	ha-gwi

96. Las ciencias. Las disciplinas

matemáticas (f pl)	수학	su-hak
álgebra (f)	대수학	dae-su-hak
geometría (f)	기하학	gi-ha-hak

astronomía (f)	천문학	cheon-mun-hak
biología (f)	생물학	saeng-mul-hak
geografía (f)	지리학	ji-ri-hak
geología (f)	지질학	ji-jil-hak
historia (f)	역사학	yeok-sa-hak

medicina (f)	의학	ui-hak
pedagogía (f)	교육학	gyo-yuk-ak
derecho (m)	법학	beo-pak

física (f)	물리학	mul-li-hak
química (f)	화학	hwa-hak
filosofía (f)	철학	cheol-hak
psicología (f)	심리학	sim-ni-hak

97. Los sistemas de escritura. La ortografía

gramática (f)	문법	mun-beop
vocabulario (m)	어휘	eo-hwi
fonética (f)	음성학	eum-seong-hak

sustantivo (m)	명사	myeong-sa
adjetivo (m)	형용사	hyeong-yong-sa
verbo (m)	동사	dong-sa
adverbio (m)	부사	bu-sa

pronombre (m)	대명사	dae-myeong-sa
interjección (f)	감탄사	gam-tan-sa
preposición (f)	전치사	jeon-chi-sa

raíz (f), radical (m)	어근	eo-geun
desinencia (f)	어미	eo-mi
prefijo (m)	접두사	jeop-du-sa
sílaba (f)	음절	eum-jeol
sufijo (m)	접미사	jeom-mi-sa

| acento (m) | 강세 | gang-se |
| apóstrofo (m) | 아포스트로피 | a-po-seu-teu-ro-pi |

punto (m)	마침표	ma-chim-pyo
coma (m)	쉼표	swim-pyo
punto y coma	세미콜론	se-mi-kol-lon
dos puntos (m pl)	콜론	kol-lon
puntos (m pl) suspensivos	말줄임표	mal-ju-rim-pyo

| signo (m) de interrogación | 물음표 | mu-reum-pyo |
| signo (m) de admiración | 느낌표 | neu-kkim-pyo |

comillas (f pl)	따옴표	tta-om-pyo
entre comillas	따옴표 안에	tta-om-pyo a-ne
paréntesis (m)	괄호	gwal-ho
entre paréntesis	괄호 속에	gwal-ho so-ge
guión (m)	하이픈	ha-i-peun
raya (f)	대시	jul-pyo
blanco (m)	공백 문자	gong-baek mun-ja
letra (f)	글자	geul-ja
letra (f) mayúscula	대문자	dae-mun-ja
vocal (f)	모음	mo-eum
consonante (m)	자음	ja-eum
oración (f)	문장	mun-jang
sujeto (m)	주어	ju-eo
predicado (m)	서술어	seo-su-reo
línea (f)	줄	jul
en una nueva línea	줄을 바꾸어	ju-reul ba-kku-eo
párrafo (m)	단락	dal-lak
palabra (f)	단어	dan-eo
combinación (f) de palabras	문구	mun-gu
expresión (f)	표현	pyo-hyeon
sinónimo (m)	동의어	dong-ui-eo
antónimo (m)	반의어	ban-ui-eo
regla (f)	규칙	gyu-chik
excepción (f)	예외	ye-oe
correcto (adj)	맞는	man-neun
conjugación (f)	활용	hwa-ryong
declinación (f)	어형 변화	eo-hyeong byeon-hwa
caso (m)	격	gyeok
pregunta (f)	질문	jil-mun
subrayar (vt)	밑줄을 긋다	mit-ju-reul geut-da
línea (f) de puntos	점선	jeom-seon

98. Los idiomas extranjeros

lengua (f)	언어	eon-eo
lengua (f) extranjera	외국어	oe-gu-geo
estudiar (vt)	공부하다	gong-bu-ha-da
aprender (ingles, etc.)	배우다	bae-u-da
leer (vi, vt)	읽다	ik-da
hablar (vi, vt)	말하다	mal-ha-da
comprender (vt)	이해하다	i-hae-ha-da
escribir (vt)	쓰다	sseu-da
rápidamente (adv)	빨리	ppal-li
lentamente (adv)	천천히	cheon-cheon-hi

Español	Coreano	Romanización
con fluidez (adv)	유창하게	yu-chang-ha-ge
reglas (f pl)	규칙	gyu-chik
gramática (f)	문법	mun-beop
vocabulario (m)	어휘	eo-hwi
fonética (f)	음성학	eum-seong-hak
manual (m)	교과서	gyo-gwa-seo
diccionario (m)	사전	sa-jeon
manual (m) autodidáctico	자습서	ja-seup-seo
guía (f) de conversación	회화집	hoe-hwa-jip
casete (m)	테이프	te-i-peu
videocasete (f)	비디오테이프	bi-di-o-te-i-peu
disco compacto, CD (m)	씨디	ssi-di
DVD (m)	디비디	di-bi-di
alfabeto (m)	알파벳	al-pa-bet
deletrear (vt)	… 의 철자이다	… ui cheol-ja-i-da
pronunciación (f)	발음	ba-reum
acento (m)	악센트	ak-sen-teu
con acento	사투리로	sa-tu-ri-ro
sin acento	억양 없이	eo-gyang eop-si
palabra (f)	단어	dan-eo
significado (m)	의미	ui-mi
cursos (m pl)	강좌	gang-jwa
inscribirse (vr)	등록하다	deung-nok-a-da
profesor (m) (~ de inglés)	강사	gang-sa
traducción (f) (proceso)	번역	beo-nyeok
traducción (f) (texto)	번역	beo-nyeok
traductor (m)	번역가	beo-nyeok-ga
intérprete (m)	통역가	tong-yeok-ga
políglota (m)	수개 국어를 말하는 사람	su-gae gu-geo-reul mal-ha-neun sa-ram
memoria (f)	기억력	gi-eong-nyeok

El descanso. El entretenimiento. El viaje

99. Las vacaciones. El viaje

turismo (m)	관광	gwan-gwang
turista (m)	관광객	gwan-gwang-gaek
viaje (m)	여행	yeo-haeng
aventura (f)	모험	mo-heom
viaje (m) (p.ej. ~ en coche)	여행	yeo-haeng
vacaciones (f pl)	휴가	hyu-ga
estar de vacaciones	휴가 중이다	hyu-ga jung-i-da
descanso (m)	휴양	hyu-yang
tren (m)	기차	gi-cha
en tren	기차로	gi-cha-ro
avión (m)	비행기	bi-haeng-gi
en avión	비행기로	bi-haeng-gi-ro
en coche	자동차로	ja-dong-cha-ro
en barco	배로	bae-ro
equipaje (m)	짐, 수하물	jim, su-ha-mul
maleta (f)	여행 가방	yeo-haeng ga-bang
carrito (m) de equipaje	수하물 카트	su-ha-mul ka-teu
pasaporte (m)	여권	yeo-gwon
visado (m)	비자	bi-ja
billete (m)	표	pyo
billete (m) de avión	비행기표	bi-haeng-gi-pyo
guía (f) (libro)	여행 안내서	yeo-haeng an-nae-seo
mapa (m)	지도	ji-do
área (f) (~ rural)	지역	ji-yeok
lugar (m)	곳	got
exotismo (m)	이국	i-guk
exótico (adj)	이국적인	i-guk-jeo-gin
asombroso (adj)	놀라운	nol-la-un
grupo (m)	무리	mu-ri
excursión (f)	견학, 관광	gyeon-hak, gwan-gwang
guía (m) (persona)	가이드	ga-i-deu

100. El hotel

hotel (m), motel (m)	호텔	ho-tel
motel (m)	모텔	mo-tel
de tres estrellas	3성급	sam-seong-geub

de cinco estrellas	5성급	o-seong-geub
hospedarse (vr)	머무르다	meo-mu-reu-da
habitación (f)	객실	gaek-sil
habitación (f) individual	일인실	i-rin-sil
habitación (f) doble	더블룸	deo-beul-lum
reservar una habitación	방을 예약하다	bang-eul rye-yak-a-da
media pensión (f)	하숙	ha-suk
pensión (f) completa	식사 제공	sik-sa je-gong
con baño	욕조가 있는	yok-jo-ga in-neun
con ducha	샤워가 있는	sya-wo-ga in-neun
televisión (f) satélite	위성 텔레비전	wi-seong tel-le-bi-jeon
climatizador (m)	에어컨	e-eo-keon
toalla (f)	수건	su-geon
llave (f)	열쇠	yeol-soe
administrador (m)	관리자	gwal-li-ja
camarera (f)	객실 청소부	gaek-sil cheong-so-bu
maletero (m)	포터	po-teo
portero (m)	도어맨	do-eo-maen
restaurante (m)	레스토랑	re-seu-to-rang
bar (m)	바	ba
desayuno (m)	아침식사	a-chim-sik-sa
cena (f)	저녁식사	jeo-nyeok-sik-sa
buffet (m) libre	뷔페	bwi-pe
vestíbulo (m)	로비	ro-bi
ascensor (m)	엘리베이터	el-li-be-i-teo
NO MOLESTAR	방해하지 마세요	bang-hae-ha-ji ma-se-yo
PROHIBIDO FUMAR	금연	geu-myeon

EL EQUIPO TÉCNICO. EL TRANSPORTE

El equipo técnico

101. El computador

ordenador (m)	컴퓨터	keom-pyu-teo
ordenador (m) portátil	노트북	no-teu-buk
encender (vt)	켜다	kyeo-da
apagar (vt)	끄다	kkeu-da
teclado (m)	키보드	ki-bo-deu
tecla (f)	키	ki
ratón (m)	마우스	ma-u-seu
alfombrilla (f) para ratón	마우스 패드	ma-u-seu pae-deu
botón (m)	버튼	beo-teun
cursor (m)	커서	keo-seo
monitor (m)	모니터	mo-ni-teo
pantalla (f)	화면, 스크린	hwa-myeon
disco (m) duro	하드 디스크	ha-deu di-seu-keu
volumen (m) de disco duro	하드 디스크 용량	ha-deu di-seu-keu yong-nyang
memoria (f)	메모리	me-mo-ri
memoria (f) operativa	램	raem
archivo, fichero (m)	파일	pa-il
carpeta (f)	폴더	pol-deo
abrir (vt)	열다	yeol-da
cerrar (vt)	닫다	dat-da
guardar (un archivo)	저장하다	jeo-jang-ha-da
borrar (vt)	삭제하다	sak-je-ha-da
copiar (vt)	복사하다	bok-sa-ha-da
ordenar (vt) (~ de A a Z, etc.)	정렬하다	jeong-nyeol-ha-da
transferir (vt)	전송하다	jeon-song-ha-da
programa (m)	프로그램	peu-ro-geu-raem
software (m)	소프트웨어	so-peu-teu-we-eo
programador (m)	프로그래머	peu-ro-geu-rae-meo
programar (vt)	프로그램을 작성하다	peu-ro-geu-rae-meul jak-seong-ha-da
hacker (m)	해커	hae-keo
contraseña (f)	비밀번호	bi-mil-beon-ho
virus (m)	바이러스	ba-i-reo-seu

detectar (vt)	발견하다	bal-gyeon-ha-da
octeto, byte (m)	바이트	ba-i-teu
megaocteto (m)	메가바이트	me-ga-ba-i-teu
datos (m pl)	데이터	de-i-teo
base (f) de datos	데이터베이스	de-i-teo-be-i-seu
cable (m)	케이블	ke-i-beul
desconectar (vt)	연결해제하다	yeon-gyeol-hae-je-ha-da
conectar (vt)	연결하다	yeon-gyeol-ha-da

102. El internet. El correo electrónico

internet (m), red (f)	인터넷	in-teo-net
navegador (m)	브라우저	beu-ra-u-jeo
buscador (m)	검색 엔진	geom-saek gen-jin
proveedor (m)	인터넷 서비스 제공자	in-teo-net seo-bi-seu je-gong-ja
webmaster (m)	웹마스터	wem-ma-seu-teo
sitio (m) web	웹사이트	wep-sa-i-teu
página (f) web	웹페이지	wep-pe-i-ji
dirección (f)	주소	ju-so
libro (m) de direcciones	주소록	ju-so-rok
buzón (m)	우편함	u-pyeon-ham
correo (m)	메일	me-il
mensaje (m)	메시지	me-si-ji
expedidor (m)	발송인	bal-song-in
enviar (vt)	보내다	bo-nae-da
envío (m)	발송	bal-song
destinatario (m)	수신인	su-sin-in
recibir (vt)	받다	bat-da
correspondencia (f)	서신 교환	seo-sin gyo-hwan
escribirse con …	편지를 주고 받다	pyeon-ji-reul ju-go bat-da
archivo, fichero (m)	파일	pa-il
descargar (vt)	다운받다	da-un-bat-da
crear (vt)	창조하다	chang-jo-ha-da
borrar (vt)	삭제하다	sak-je-ha-da
borrado (adj)	삭제된	sak-je-doen
conexión (f) (ADSL, etc.)	연결	yeon-gyeol
velocidad (f)	속도	sok-do
acceso (m)	접속	jeop-sok
puerto (m)	포트	po-teu
conexión (f) (establecer la ~)	연결	yeon-gyeol
conectarse a …	… 에 연결하다	… e yeon-gyeol-ha-da
seleccionar (vt)	선택하다	seon-taek-a-da
buscar (vt)	… 를 검색하다	… reul geom-saek-a-da

103. La electricidad

electricidad (f)	전기	jeon-gi
eléctrico (adj)	전기의	jeon-gi-ui
central (f) eléctrica	발전소	bal-jeon-so
energía (f)	에너지	e-neo-ji
energía (f) eléctrica	전력	jeol-lyeok
bombilla (f)	전구	jeon-gu
linterna (f)	손전등	son-jeon-deung
farola (f)	가로등	ga-ro-deung
luz (f)	전깃불	jeon-git-bul
encender (vt)	켜다	kyeo-da
apagar (vt)	끄다	kkeu-da
apagar la luz	불을 끄다	bu-reul kkeu-da
quemarse (vr)	끊어지다	kkeu-neo-ji-da
circuito (m) corto	쇼트	syo-teu
ruptura (f)	절단	jeol-dan
contacto (m)	접촉	jeop-chok
interruptor (m)	스위치	seu-wi-chi
enchufe (m)	소켓	so-ket
clavija (f)	플러그	peul-leo-geu
alargador (m)	연장 코드	yeon-jang ko-deu
fusible (m)	퓨즈	pyu-jeu
cable, hilo (m)	전선	jeon-seon
instalación (f) eléctrica	배선	bae-seon
amperio (m)	암페어	am-pe-eo
amperaje (m)	암페어수	am-pe-eo-su
voltio (m)	볼트	bol-teu
voltaje (m)	전압	jeon-ap
aparato (m) eléctrico	전기기구	jeon-gi-gi-gu
indicador (m)	센서	sen-seo
electricista (m)	전기 기사	jeon-gi gi-sa
soldar (vt)	납땜하다	nap-ttaem-ha-da
soldador (m)	납땜인두	nap-ttaem-in-du
corriente (f)	전류	jeol-lyu

104. Las herramientas

instrumento (m)	공구	gong-gu
instrumentos (m pl)	공구	gong-gu
maquinaria (f)	장비	jang-bi
martillo (m)	망치	mang-chi
destornillador (m)	나사돌리개	na-sa-dol-li-gae
hacha (f)	도끼	do-kki

sierra (f)	톱	top
serrar (vt)	톱을 켜다	to-beul kyeo-da
cepillo (m)	대패	dae-pae
cepillar (vt)	대패질하다	dae-pae-jil-ha-da
soldador (m)	납땜인두	nap-ttaem-in-du
soldar (vt)	납땜하다	nap-ttaem-ha-da
lima (f)	줄	jul
tenazas (f pl)	집게	jip-ge
alicates (m pl)	펜치	pen-chi
escoplo (m)	끌	kkeul
broca (f)	드릴 비트	deu-ril bi-teu
taladro (m)	전동 드릴	jeon-dong deu-ril
taladrar (vi, vt)	뚫다	ttul-ta
cuchillo (m)	칼, 나이프	kal, na-i-peu
filo (m)	칼날	kal-lal
agudo (adj)	날카로운	nal-ka-ro-un
embotado (adj)	무딘	mu-din
embotarse (vr)	무뎌지다	mu-dyeo-ji-da
afilar (vt)	갈다	gal-da
perno (m)	볼트	bol-teu
tuerca (f)	너트	neo-teu
filete (m)	나사산	na-sa-san
tornillo (m)	나사못	na-sa-mot
clavo (m)	못	mot
cabeza (f) del clavo	못대가리	mot-dae-ga-ri
regla (f)	자	ja
cinta (f) métrica	줄자	jul-ja
nivel (m) de burbuja	수준기	su-jun-gi
lupa (f)	돋보기	dot-bo-gi
aparato (m) de medida	계측기	gye-cheuk-gi
medir (vt)	측정하다	cheuk-jeong-ha-da
escala (f) (~ métrica)	눈금	nun-geum
lectura (f)	판독값	pan-dok-gap
compresor (m)	컴프레서	keom-peu-re-seo
microscopio (m)	현미경	hyeon-mi-gyeong
bomba (f) (~ de agua)	펌프	peom-peu
robot (m)	로봇	ro-bot
láser (m)	레이저	re-i-jeo
llave (f) de tuerca	스패너	seu-pae-neo
cinta (f) adhesiva	스카치 테이프	seu-ka-chi te-i-peu
cola (f), pegamento (m)	접착제	jeop-chak-je
papel (m) de lija	사포	sa-po
imán (m)	자석	ja-seok
guantes (m pl)	장갑	jang-gap

cuerda (f)	밧줄	bat-jul
cordón (m)	끈	kkeun
hilo (m) (~ eléctrico)	전선	jeon-seon
cable (m)	케이블	ke-i-beul
almádana (f)	슬레지해머	seul-le-ji-hae-meo
barra (f)	쇠지레	soe-ji-re
escalera (f) portátil	사다리	sa-da-ri
escalera (f) de tijera	접사다리	jeop-sa-da-ri
atornillar (vt)	돌려서 조이다	dol-lyeo-seo jo-i-da
destornillar (vt)	열리다	yeol-li-da
apretar (vt)	조이다	jo-i-da
pegar (vt)	붙이다	bu-chi-da
cortar (vt)	자르다	ja-reu-da
fallo (m)	고장	go-jang
reparación (f)	수리	su-ri
reparar (vt)	보수하다	bo-su-ha-da
regular, ajustar (vt)	조절하다	jo-jeol-ha-da
verificar (vt)	확인하다	hwa-gin-ha-da
control (m)	확인	hwa-gin
lectura (f) (~ del contador)	판독값	pan-dok-gap
fiable (máquina)	믿을 만한	mi-deul man-han
complicado (adj)	복잡한	bok-ja-pan
oxidarse (vr)	녹이 슬다	no-gi seul-da
oxidado (adj)	녹이 슨	no-gi seun
óxido (m)	녹	nok

El transporte

105. El avión

avión (m)	비행기	bi-haeng-gi
billete (m) de avión	비행기표	bi-haeng-gi-pyo
compañía (f) aérea	항공사	hang-gong-sa
aeropuerto (m)	공항	gong-hang
supersónico (adj)	초음속의	cho-eum-so-gui
piloto (m)	비행사	bi-haeng-sa
azafata (f)	승무원	seung-mu-won
navegador (m)	항법사	hang-beop-sa
alas (f pl)	날개	nal-gae
cola (f)	꼬리	kko-ri
cabina (f)	조종석	jo-jong-seok
motor (m)	엔진	en-jin
tren (m) de aterrizaje	착륙 장치	chang-nyuk jang-chi
turbina (f)	터빈	teo-bin
hélice (f)	추진기	chu-jin-gi
caja (f) negra	블랙박스	beul-laek-bak-seu
timón (m)	조종간	jo-jong-gan
combustible (m)	연료	yeol-lyo
instructivo (m) de seguridad	안전 안내서	an-jeon an-nae-seo
respirador (m) de oxígeno	산소 마스크	san-so ma-seu-keu
uniforme (m)	제복	je-bok
chaleco (m) salvavidas	구명조끼	gu-myeong-jo-kki
paracaídas (m)	낙하산	nak-a-san
despegue (m)	이륙	i-ryuk
despegar (vi)	이륙하다	i-ryuk-a-da
pista (f) de despegue	활주로	hwal-ju-ro
visibilidad (f)	시계	si-gye
vuelo (m)	비행	bi-haeng
altura (f)	고도	go-do
pozo (m) de aire	에어 포켓	e-eo po-ket
asiento (m)	자리	ja-ri
auriculares (m pl)	헤드폰	he-deu-pon
mesita (f) plegable	접는 테이블	jeom-neun te-i-beul
ventana (f)	창문	chang-mun
pasillo (m)	통로	tong-no

106. El tren

tren (m)	기차, 열차	gi-cha, nyeol-cha
tren (m) de cercanías	통근 열차	tong-geun nyeol-cha
tren (m) rápido	급행 열차	geu-paeng yeol-cha
locomotora (f) diésel	디젤 기관차	di-jel gi-gwan-cha
tren (m) de vapor	증기 기관차	jeung-gi gi-gwan-cha
coche (m)	객차	gaek-cha
coche (m) restaurante	식당차	sik-dang-cha
rieles (m pl)	레일	re-il
ferrocarril (m)	철도	cheol-do
traviesa (f)	침목	chim-mok
plataforma (f)	플랫폼	peul-laet-pom
vía (f)	길	gil
semáforo (m)	신호기	sin-ho-gi
estación (f)	역	yeok
maquinista (m)	기관사	gi-gwan-sa
maletero (m)	포터	po-teo
mozo (m) del vagón	차장	cha-jang
pasajero (m)	승객	seung-gaek
revisor (m)	검표원	geom-pyo-won
corredor (m)	통로	tong-no
freno (m) de urgencia	비상 브레이크	bi-sang beu-re-i-keu
compartimiento (m)	침대차	chim-dae-cha
litera (f)	침대	chim-dae
litera (f) de arriba	윗침대	wit-chim-dae
litera (f) de abajo	아래 침대	a-rae chim-dae
ropa (f) de cama	침구	chim-gu
billete (m)	표	pyo
horario (m)	시간표	si-gan-pyo
pantalla (f) de información	안내 전광판	an-nae jeon-gwang-pan
partir (vi)	떠난다	tteo-na-da
partida (f) (del tren)	출발	chul-bal
llegar (tren)	도착하다	do-chak-a-da
llegada (f)	도착	do-chak
llegar en tren	기차로 도착하다	gi-cha-ro do-chak-a-da
tomar el tren	기차에 타다	gi-cha-e ta-da
bajar del tren	기차에서 내리다	gi-cha-e-seo nae-ri-da
descarrilamiento (m)	기차 사고	gi-cha sa-go
tren (m) de vapor	증기 기관차	jeung-gi gi-gwan-cha
fogonero (m)	화부	hwa-bu
hogar (m)	화실	hwa-sil
carbón (m)	석탄	seok-tan

107. El barco

barco, buque (m)	배	bae
navío (m)	배	bae
buque (m) de vapor	증기선	jeung-gi-seon
motonave (f)	강배	gang-bae
trasatlántico (m)	크루즈선	keu-ru-jeu-seon
crucero (m)	순양함	su-nyang-ham
yate (m)	요트	yo-teu
remolcador (m)	예인선	ye-in-seon
velero (m)	범선	beom-seon
bergantín (m)	쌍돛대 범선	ssang-dot-dae beom-seon
rompehielos (m)	쇄빙선	swae-bing-seon
submarino (m)	잠수함	jam-su-ham
bote (m) de remo	보트	bo-teu
bote (m)	종선	jong-seon
bote (m) salvavidas	구조선	gu-jo-seon
lancha (f) motora	모터보트	mo-teo-bo-teu
capitán (m)	선장	seon-jang
marinero (m)	수부	su-bu
marino (m)	선원	seon-won
tripulación (f)	승무원	seung-mu-won
contramaestre (m)	갑판장	gap-pan-jang
cocinero (m) de abordo	요리사	yo-ri-sa
médico (m) del buque	선의	seon-ui
cubierta (f)	갑판	gap-pan
mástil (m)	돛대	dot-dae
vela (f)	돛	dot
bodega (f)	화물칸	hwa-mul-kan
proa (f)	이물	i-mul
popa (f)	고물	go-mul
remo (m)	노	no
hélice (f)	스크루	seu-keu-ru
camarote (m)	선실	seon-sil
sala (f) de oficiales	사관실	sa-gwan-sil
sala (f) de máquinas	엔진실	en-jin-sil
sala (f) de radio	무전실	mu-jeon-sil
onda (f)	전파	jeon-pa
anteojo (m)	망원경	mang-won-gyeong
campana (f)	종	jong
bandera (f)	기	gi
cabo (m) (maroma)	밧줄	bat-jul
nudo (m)	매듭	mae-deup

pasamano (m)	난간	nan-gan
pasarela (f)	사다리	sa-da-ri

ancla (f)	닻	dat
levar ancla	닻을 올리다	da-cheul rol-li-da
echar ancla	닻을 내리다	da-cheul lae-ri-da
cadena (f) del ancla	닻줄	dat-jul

puerto (m)	항구	hang-gu
embarcadero (m)	부두	bu-du
amarrar (vt)	정박시키다	jeong-bak-si-ki-da
desamarrar (vt)	출항하다	chul-hang-ha-da

viaje (m)	여행	yeo-haeng
crucero (m) (viaje)	크루즈	keu-ru-jeu
derrota (f) (rumbo)	항로	hang-no
itinerario (m)	노선	no-seon

canal (m) navegable	항로	hang-no
bajío (m)	얕은 곳	ya-teun got
encallar (vi)	좌초하다	jwa-cho-ha-da

tempestad (f)	폭풍우	pok-pung-u
señal (f)	신호	sin-ho
hundirse (vr)	가라앉다	ga-ra-an-da
SOS	조난 신호	jo-nan sin-ho
aro (m) salvavidas	구명부환	gu-myeong-bu-hwan

108. El aeropuerto

aeropuerto (m)	공항	gong-hang
avión (m)	비행기	bi-haeng-gi
compañía (f) aérea	항공사	hang-gong-sa
controlador (m) aéreo	관제사	gwan-je-sa

despegue (m)	출발	chul-bal
llegada (f)	도착	do-chak
llegar (en avión)	도착하다	do-chak-a-da

hora (f) de salida	출발시간	chul-bal-si-gan
hora (f) de llegada	도착시간	do-chak-si-gan

retrasarse (vr)	연기되다	yeon-gi-doe-da
retraso (m) de vuelo	항공기 지연	hang-gong-gi ji-yeon

pantalla (f) de información	안내 전광판	an-nae jeon-gwang-pan
información (f)	정보	jeong-bo
anunciar (vt)	알리다	al-li-da
vuelo (m)	비행편	bi-haeng-pyeon
aduana (f)	세관	se-gwan
aduanero (m)	세관원	se-gwan-won
declaración (f) de aduana	세관신고서	se-gwan-sin-go-seo
rellenar la declaración	세관 신고서를 작성하다	se-gwan sin-go-seo-reul jak-seong-ha-da

control (m) de pasaportes	여권 검사	yeo-gwon geom-sa
equipaje (m)	짐, 수하물	jim, su-ha-mul
equipaje (m) de mano	휴대 가능 수하물	hyu-dae ga-neung su-ha-mul
carrito (m) de equipaje	수하물 카트	su-ha-mul ka-teu
aterrizaje (m)	착륙	chang-nyuk
pista (f) de aterrizaje	활주로	hwal-ju-ro
aterrizar (vi)	착륙하다	chang-nyuk-a-da
escaleras (f pl) (de avión)	승강계단	seung-gang-gye-dan
facturación (f) (check-in)	체크인	che-keu-in
mostrador (m) de facturación	체크인 카운터	che-keu-in ka-un-teo
hacer el check-in	체크인하다	che-keu-in-ha-da
tarjeta (f) de embarque	탑승권	tap-seung-gwon
puerta (f) de embarque	탑승구	tap-seung-gu
tránsito (m)	트랜싯, 환승	teu-raen-sit, hwan-seung
esperar (aguardar)	기다리다	gi-da-ri-da
zona (f) de preembarque	공항 라운지	gong-hang na-un-ji
despedir (vt)	배웅하다	bae-ung-ha-da
despedirse (vr)	작별인사를 하다	jak-byeo-rin-sa-reul ha-da

Acontecimentos de la vida

109. Los días festivos. Los eventos

fiesta (f)	휴일	hyu-il
fiesta (f) nacional	국경일	guk-gyeong-il
día (m) de fiesta	공휴일	gong-hyu-il
celebrar (vt)	기념하다	gi-nyeom-ha-da
evento (m)	사건	sa-geon
medida (f)	이벤트	i-ben-teu
banquete (m)	연회	yeon-hoe
recepción (f)	리셉션	ri-sep-syeon
festín (m)	연회	yeon-hoe
aniversario (m)	기념일	gi-nyeom-il
jubileo (m)	기념일	gi-nyeom-il
Año (m) Nuevo	새해	sae-hae
¡Feliz Año Nuevo!	새해 복 많이 받으세요!	sae-hae bok ma-ni ba-deu-se-yo!
Papá Noel (m)	산타클로스	san-ta-keul-lo-seu
Navidad (f)	크리스마스	keu-ri-seu-ma-seu
¡Feliz Navidad!	성탄을 축하합니다!	seong-ta-neul chuk-a-ham-ni-da!
árbol (m) de Navidad	크리스마스트리	keu-ri-seu-ma-seu-teu-ri
fuegos (m pl) artificiales	불꽃놀이	bul-kkon-no-ri
boda (f)	결혼식	gyeol-hon-sik
novio (m)	신랑	sil-lang
novia (f)	신부	sin-bu
invitar (vt)	초대하다	cho-dae-ha-da
tarjeta (f) de invitación	초대장	cho-dae-jang
invitado (m)	손님	son-nim
visitar (vt) (a los amigos)	방문하다	bang-mun-ha-da
recibir a los invitados	손님을 맞이하다	son-ni-meul ma-ji-ha-da
regalo (m)	선물	seon-mul
regalar (vt)	선물 하다	seon-mul ha-da
recibir regalos	선물 받다	seon-mul bat-da
ramo (m) de flores	꽃다발	kkot-da-bal
felicitación (f)	축하를	chuk-a-reul
felicitar (vt)	축하하다	chuk-a-ha-da
tarjeta (f) de felicitación	축하 카드	chuk-a ka-deu
enviar una tarjeta	카드를 보내다	ka-deu-reul bo-nae-da

recibir una tarjeta	카드 받다	ka-deu bat-da
brindis (m)	축배	chuk-bae
ofrecer (~ una copa)	대접하다	dae-jeo-pa-da
champaña (f)	샴페인	syam-pe-in
divertirse (vr)	즐기다	jeul-gi-da
diversión (f)	즐거움	jeul-geo-um
alegría (f) (emoción)	기쁜, 즐거움	gi-ppeun, jeul-geo-um
baile (m)	춤	chum
bailar (vi, vt)	춤추다	chum-chu-da
vals (m)	왈츠	wal-cheu
tango (m)	탱고	taeng-go

110. Los funerales. El entierro

cementerio (m)	묘지	myo-ji
tumba (f)	무덤	mu-deom
cruz (f)	십자가	sip-ja-ga
lápida (f)	묘석	myo-seok
verja (f)	울타리	ul-ta-ri
capilla (f)	채플	chae-peul
muerte (f)	죽음	ju-geum
morir (vi)	죽다	juk-da
difunto (m)	고인	go-in
luto (m)	상	sang
enterrar (vt)	묻다	mut-da
funeraria (f)	장례식장	jang-nye-sik-jang
entierro (m)	장례식	jang-nye-sik
corona (f) funeraria	화환	hwa-hwan
ataúd (m)	관	gwan
coche (m) fúnebre	영구차	yeong-gu-cha
mortaja (f)	수의	su-ui
urna (f) funeraria	유골 단지	yu-gol dan-ji
crematorio (m)	화장장	hwa-jang-jang
necrología (f)	부고	bu-go
llorar (vi)	울다	ul-da
sollozar (vi)	흐느껴 울다	heu-neu-kkyeo ul-da

111. La guerra. Los soldados

sección (f)	소대	so-dae
compañía (f)	중대	jung-dae
regimiento (m)	연대	yeon-dae
ejército (m)	군대	gun-dae
división (f)	사단	sa-dan

destacamento (m)	분대	bun-dae
hueste (f)	군대	gun-dae
soldado (m)	군인	gun-in
oficial (m)	장교	jang-gyo
soldado (m) raso	일병	il-byeong
sargento (m)	병장	byeong-jang
teniente (m)	중위	jung-wi
capitán (m)	대위	dae-wi
mayor (m)	소령	so-ryeong
coronel (m)	대령	dae-ryeong
general (m)	장군	jang-gun
marino (m)	선원	seon-won
capitán (m)	대위	dae-wi
contramaestre (m)	갑판장	gap-pan-jang
artillero (m)	포병	po-byeong
paracaidista (m)	낙하산 부대원	nak-a-san bu-dae-won
piloto (m)	조종사	jo-jong-sa
navegador (m)	항법사	hang-beop-sa
mecánico (m)	정비공	jeong-bi-gong
zapador (m)	공병대원	gong-byeong-dae-won
paracaidista (m)	낙하산병	nak-a-san-byeong
explorador (m)	정찰대	jeong-chal-dae
francotirador (m)	저격병	jeo-gyeok-byeong
patrulla (f)	순찰	sun-chal
patrullar (vi, vt)	순찰하다	sun-chal-ha-da
centinela (m)	경비병	gyeong-bi-byeong
guerrero (m)	전사	jeon-sa
patriota (m)	애국자	ae-guk-ja
héroe (m)	영웅	yeong-ung
heroína (f)	여걸	yeo-geol
traidor (m)	매국노	mae-gung-no
desertor (m)	탈영병	ta-ryeong-byeong
desertar (vi)	탈영하다	ta-ryeong-ha-da
mercenario (m)	용병	yong-byeong
recluta (m)	훈련병	hul-lyeon-byeong
voluntario (m)	지원병	ji-won-byeong
muerto (m)	사망자	sa-mang-ja
herido (m)	부상자	bu-sang-ja
prisionero (m)	포로	po-ro

112. La guerra. El ámbito militar. Unidad 1

guerra (f)	전쟁	jeon-jaeng
estar en guerra	참전하다	cham-jeon-ha-da

guerra (f) civil	내전	nae-jeon
pérfidamente (adv)	비겁하게	bi-geo-pa-ge
declaración (f) de guerra	선전 포고	seon-jeon po-go
declarar (~ la guerra)	선포하다	seon-po-ha-da
agresión (f)	침략	chim-nyak
atacar (~ a un país)	공격하다	gong-gyeo-ka-da
invadir (vt)	침략하다	chim-nyak-a-da
invasor (m)	침략자	chim-nyak-ja
conquistador (m)	정복자	jeong-bok-ja
defensa (f)	방어	bang-eo
defender (vt)	방어하다	bang-eo-ha-da
defenderse (vr)	… 를 방어하다	… reul bang-eo-ha-da
enemigo (m)	적	jeok
adversario (m)	원수	won-su
enemigo (adj)	적의	jeo-gui
estrategia (f)	전략	jeol-lyak
táctica (f)	전술	jeon-sul
orden (f)	명령	myeong-nyeong
comando (m)	명령	myeong-nyeong
ordenar (vt)	명령하다	myeong-nyeong-ha-da
misión (f)	임무	im-mu
secreto (adj)	비밀의	bi-mi-rui
batalla (f)	전투	jeon-tu
batalla (f)	전투	jeon-tu
combate (m)	전투	jeon-tu
ataque (m)	공격	gong-gyeok
asalto (m)	돌격	dol-gyeok
tomar por asalto	습격하다	seup-gyeok-a-da
asedio (m), sitio (m)	포위 공격	po-wi gong-gyeok
ofensiva (f)	공세	gong-se
tomar la ofensiva	공격하다	gong-gyeo-ka-da
retirada (f)	퇴각	toe-gak
retirarse (vr)	퇴각하다	toe-gak-a-da
envolvimiento (m)	포위	po-wi
cercar (vt)	둘러싸다	dul-leo-ssa-da
bombardeo (m)	폭격	pok-gyeok
lanzar una bomba	폭탄을 투하하다	pok-ta-neul tu-ha-ha-da
bombear (vt)	폭격하다	pok-gyeok-a-da
explosión (f)	폭발	pok-bal
tiro (m), disparo (m)	발포	bal-po
disparar (vi)	쏘다	sso-da
tiro (m) (de artillería)	사격	sa-gyeok
apuntar a …	겨냥대다	gyeo-nyang-dae-da
encarar (apuntar)	총을 겨누다	chong-eul gyeo-nu-da

alcanzar (el objetivo)	맞히다	ma-chi-da
hundir (vt)	가라앉히다	ga-ra-an-chi-da
brecha (f) (~ en el casco)	구멍	gu-meong
hundirse (vr)	가라앉히다	ga-ra-an-chi-da
frente (m)	전선	jeon-seon
evacuación (f)	철수	cheol-su
evacuar (vt)	대피시키다	dae-pi-si-ki-da
trinchera (f)	참호	cham-ho
alambre (m) de púas	가시철사	ga-si-cheol-sa
barrera (f) (~ antitanque)	장애물	jang-ae-mul
torre (f) de vigilancia	감시탑	gam-si-tap
hospital (m)	군 병원	gun byeong-won
herir (vt)	부상을 입히다	bu-sang-eul ri-pi-da
herida (f)	부상	bu-sang
herido (m)	부상자	bu-sang-ja
recibir una herida	부상을 입다	bu-sang-eul rip-da
grave (herida)	심각한	sim-gak-an

113. La guerra. El ámbito militar. Unidad 2

cautiverio (m)	사로잡힘	sa-ro-ja-pim
capturar (vt)	포로로 하다	po-ro-ro ha-da
estar en cautiverio	사로잡히어	sa-ro-ja-pi-eo
caer prisionero	포로가 되다	po-ro-ga doe-da
campo (m) de concentración	강제 수용소	gang-je su-yong-so
prisionero (m)	포로	po-ro
escapar (de cautiverio)	탈출하다	tal-chul-ha-da
traicionar (vt)	팔아먹다	pa-ra-meok-da
traidor (m)	배반자	bae-ban-ja
traición (f)	배반	bae-ban
fusilar (vt)	총살하다	chong-sal-ha-da
fusilamiento (m)	총살형	chong-sal-hyeong
equipo (m) (uniforme, etc.)	군장	gun-jang
hombrera (f)	계급 견장	gye-geup gyeon-jang
máscara (f) antigás	가스 마스크	ga-seu ma-seu-keu
radio transmisor (m)	군용무전기	gu-nyong-mu-jeon-gi
cifra (f) (código)	암호	am-ho
conspiración (f)	비밀 유지	bi-mil ryu-ji
contraseña (f)	비밀번호	bi-mil-beon-ho
mina (f) terrestre	지뢰	ji-roe
minar (poner minas)	지뢰를 매설하다	ji-roe-reul mae-seol-ha-da
campo (m) minado	지뢰밭	ji-roe-bat
alarma (f) aérea	공습 경보	gong-seup gyeong-bo
alarma (f)	경보	gyeong-bo

| señal (f) | 신호 | sin-ho |
| cohete (m) de señales | 신호탄 | sin-ho-tan |

estado (m) mayor	본부	bon-bu
reconocimiento (m)	정찰	jeong-chal
situación (f)	정세	jeong-se
informe (m)	보고	bo-go
emboscada (f)	기습	gi-seup
refuerzo (m)	강화	gang-hwa

blanco (m)	과녁	gwa-nyeok
terreno (m) de prueba	성능 시험장	seong-neung si-heom-jang
maniobras (f pl)	군사 훈련	gun-sa hul-lyeon

pánico (m)	공황	gong-hwang
devastación (f)	파멸	pa-myeol
destrucciones (f pl)	파괴	pa-goe
destruir (vt)	파괴하다	pa-goe-ha-da

sobrevivir (vi, vt)	살아남다	sa-ra-nam-da
desarmar (vt)	무장해제하다	mu-jang-hae-je-ha-da
manejar (un arma)	다루다	da-ru-da

| ¡Firmes! | 차려! | cha-ryeo! |
| ¡Descanso! | 쉬어! | swi-eo! |

hazaña (f)	무훈	mu-hun
juramento (m)	맹세	maeng-se
jurar (vt)	맹세하다	maeng-se-ha-da

condecoración (f)	훈장	hun-jang
condecorar (vt)	훈장을 주다	hun-jang-eul ju-da
medalla (f)	메달	me-dal
orden (m) (~ de Merito)	훈장	hun-jang

victoria (f)	승리	seung-ni
derrota (f)	패배	pae-bae
armisticio (m)	휴전	hyu-jeon

bandera (f)	기	gi
gloria (f)	영광	yeong-gwang
desfile (m) militar	퍼레이드	peo-re-i-deu
marchar (desfilar)	행진하다	haeng-jin-ha-da

114. Las armas

| arma (f) | 무기 | mu-gi |
| arma (f) de fuego | 화기 | hwa-gi |

arma (f) química	화학 병기	hwa-hak byeong-gi
nuclear (adj)	핵의	hae-gui
arma (f) nuclear	핵무기	haeng-mu-gi
bomba (f)	폭탄	pok-tan
bomba (f) atómica	원자폭탄	won-ja-pok-tan

pistola (f)	권총	gwon-chong
fusil (m)	장총	jang-chong
metralleta (f)	기관단총	gi-gwan-dan-chong
ametralladora (f)	기관총	gi-gwan-chong
boca (f)	총구	chong-gu
cañón (m) (del arma)	총열	chong-yeol
calibre (m)	구경	gu-gyeong
gatillo (m)	방아쇠	bang-a-soe
alza (f)	가늠자	ga-neum-ja
culata (f)	개머리	gae-meo-ri
granada (f) de mano	수류탄	su-ryu-tan
explosivo (m)	폭약	po-gyak
bala (f)	총알	chong-al
cartucho (m)	탄약통	ta-nyak-tong
carga (f)	화약	hwa-yak
pertrechos (m pl)	탄약	ta-nyak
bombardero (m)	폭격기	pok-gyeok-gi
avión (m) de caza	전투기	jeon-tu-gi
helicóptero (m)	헬리콥터	hel-li-kop-teo
antiaéreo (m)	대공포	dae-gong-po
tanque (m)	전차	jeon-cha
artillería (f)	대포	dae-po
cañón (m) (arma)	대포	dae-po
dirigir (un misil, etc.)	총을 겨누다	chong-eul gyeo-nu-da
mortero (m)	박격포	bak-gyeok-po
bomba (f) de mortero	박격포탄	bak-gyeok-po-tan
obús (m)	탄피	tan-pi
trozo (m) de obús	포탄파편	po-tan-pa-pyeon
submarino (m)	잠수함	jam-su-ham
torpedo (m)	어뢰	eo-roe
misil (m)	미사일	mi-sa-il
cargar (pistola)	장탄하다	jang-tan-ha-da
tirar (vi)	쏘다	sso-da
apuntar a …	총을 겨누다	chong-eul gyeo-nu-da
bayoneta (f)	총검	chong-geom
espada (f) (duelo a ~)	레이피어	re-i-pi-eo
sable (m)	군도	gun-do
lanza (f)	창	chang
arco (m)	활	hwal
flecha (f)	화살	hwa-sal
mosquete (m)	머스킷	meo-seu-kit
ballesta (f)	석궁	seok-gung

115. Los pueblos antiguos

primitivo (adj)	원시적인	won-si-jeo-gin
prehistórico (adj)	선사시대의	seon-sa-si-dae-ui
antiguo (adj)	고대의	go-dae-ui
Edad (f) de Piedra	석기 시대	seok-gi si-dae
Edad (f) de Bronce	청동기 시대	cheong-dong-gi si-dae
Edad (f) de Hielo	빙하 시대	bing-ha si-dae
tribu (f)	부족	bu-jok
caníbal (m)	식인종	si-gin-jong
cazador (m)	사냥꾼	sa-nyang-kkun
cazar (vi, vt)	사냥하다	sa-nyang-ha-da
mamut (m)	매머드	mae-meo-deu
caverna (f)	동굴	dong-gul
fuego (m)	불	bul
hoguera (f)	모닥불	mo-dak-bul
pintura (f) rupestre	동굴 벽화	dong-gul byeok-wa
herramienta (f), útil (m)	도구	do-gu
lanza (f)	창	chang
hacha (f) de piedra	돌도끼	dol-do-kki
estar en guerra	참전하다	cham-jeon-ha-da
domesticar (vt)	길들이다	gil-deu-ri-da
ídolo (m)	우상	u-sang
adorar (vt)	숭배하다	sung-bae-ha-da
superstición (f)	미신	mi-sin
evolución (f)	진화	jin-hwa
desarrollo (m)	개발	gae-bal
desaparición (f)	멸종	myeol-jong
adaptarse (vr)	적응하다	jeo-geung-ha-da
arqueología (f)	고고학	go-go-hak
arqueólogo (m)	고고학자	go-go-hak-ja
arqueológico (adj)	고고학의	go-go-ha-gui
sitio (m) de excavación	발굴 현장	bal-gul hyeon-jang
excavaciones (f pl)	발굴	bal-gul
hallazgo (m)	발견물	bal-gyeon-mul
fragmento (m)	파편	pa-pyeon

116. La Edad Media

pueblo (m)	민족	min-jok
pueblos (m pl)	민족	min-jok
tribu (f)	부족	bu-jok
tribus (f pl)	부족들	bu-jok-deul
bárbaros (m pl)	오랑캐	o-rang-kae
galos (m pl)	갈리아인	gal-li-a-in

godos (m pl)	고트족	go-teu-jok
eslavos (m pl)	슬라브족	seul-la-beu-jok
vikingos (m pl)	바이킹	ba-i-king
romanos (m pl)	로마 사람	ro-ma sa-ram
romano (adj)	로마의	ro-ma-ui
bizantinos (m pl)	비잔티움 사람들	bi-jan-ti-um sa-ram-deul
Bizancio (m)	비잔티움	bi-jan-ti-um
bizantino (adj)	비잔틴의	bi-jan-tin-ui
emperador (m)	황제	hwang-je
jefe (m)	추장	chu-jang
poderoso (adj)	강력한	gang-nyeo-kan
rey (m)	왕	wang
gobernador (m)	통치자	tong-chi-ja
caballero (m)	기사	gi-sa
señor (m) feudal	봉건 영주	bong-geon nyeong-ju
feudal (adj)	봉건적인	bong-geon-jeo-gin
vasallo (m)	봉신	bong-sin
duque (m)	공작	gong-jak
conde (m)	백작	baek-jak
barón (m)	남작	nam-jak
obispo (m)	주교	ju-gyo
armadura (f)	갑옷	ga-bot
escudo (m)	방패	bang-pae
espada (f) (danza de ~s)	검	geom
visera (f)	얼굴 가리개	eol-gul ga-ri-gae
cota (f) de malla	미늘 갑옷	mi-neul ga-bot
cruzada (f)	십자군	sip-ja-gun
cruzado (m)	십자군 전사	sip-ja-gun jeon-sa
territorio (m)	영토	yeong-to
atacar (~ a un país)	공격하다	gong-gyeo-ka-da
conquistar (vt)	정복하다	jeong-bok-a-da
ocupar (invadir)	점령하다	jeom-nyeong-ha-da
asedio (m), sitio (m)	포위 공격	po-wi gong-gyeok
sitiado (adj)	포위당한	po-wi-dang-han
asediar, sitiar (vt)	포위하다	po-wi-ha-da
inquisición (f)	이단심문	i-dan-sim-mun
inquisidor (m)	종교 재판관	jong-gyo jae-pan-gwan
tortura (f)	고문	go-mun
cruel (adj)	잔혹한	jan-hok-an
hereje (m)	이단자	i-dan-ja
herejía (f)	이단으로	i-da-neu-ro
navegación (f) marítima	항해	hang-hae
pirata (m)	해적	hae-jeok
piratería (f)	해적 행위	hae-jeok aeng-wi
abordaje (m)	널판장	neol-pan-jang

botín (m)	노획물	no-hoeng-mul
tesoros (m pl)	보물	bo-mul
descubrimiento (m)	발견	bal-gyeon
descubrir (tierras nuevas)	발견하다	bal-gyeon-ha-da
expedición (f)	탐험	tam-heom
mosquetero (m)	총병	chong-byeong
cardenal (m)	추기경	chu-gi-gyeong
heráldica (f)	문장학	mun-jang-hak
heráldico (adj)	문장학의	mun-jang-ha-gui

117. El líder. El jefe. Las autoridades

rey (m)	왕	wang
reina (f)	여왕	yeo-wang
real (adj)	왕족의	wang-jo-gui
reino (m)	왕국	wang-guk
príncipe (m)	왕자	wang-ja
princesa (f)	공주	gong-ju
presidente (m)	대통령	dae-tong-nyeong
vicepresidente (m)	부통령	bu-tong-nyeong
senador (m)	상원의원	sang-won-ui-won
monarca (m)	군주	gun-ju
gobernador (m)	통치자	tong-chi-ja
dictador (m)	독재자	dok-jae-ja
tirano (m)	폭군	pok-gun
magnate (m)	거물	geo-mul
director (m)	사장	sa-jang
jefe (m)	추장	chu-jang
gerente (m)	지배인	ji-bae-in
amo (m)	상사	sang-sa
dueño (m)	소유자	so-yu-ja
jefe (m) (~ de delegación)	책임자	chae-gim-ja
autoridades (f pl)	당국	dang-guk
superiores (m pl)	상사	sang-sa
gobernador (m)	주지사	ju-ji-sa
cónsul (m)	영사	yeong-sa
diplomático (m)	외교관	oe-gyo-gwan
alcalde (m)	시장	si-jang
sheriff (m)	보안관	bo-an-gwan
emperador (m)	황제	hwang-je
zar (m)	황제	hwang-je
faraón (m)	파라오	pa-ra-o
jan (m), kan (m)	칸	kan

118. Violar la ley. Los criminales. Unidad 1

bandido (m)	산적	san-jeok
crimen (m)	범죄	beom-joe
criminal (m)	범죄자	beom-joe-ja
ladrón (m)	도둑	do-duk
robar (vt)	훔치다	hum-chi-da
robo (m) (actividad)	절도	jeol-do
robo (m) (hurto)	도둑질	do-duk-jil
secuestrar (vt)	납치하다	nap-chi-ha-da
secuestro (m)	유괴	yu-goe
secuestrador (m)	유괴범	yu-goe-beom
rescate (m)	몸값	mom-gap
exigir un rescate	몸값을 요구하다	mom-gap-seul ryo-gu-ha-da
robar (vt)	뺏다	ppaet-da
atracador (m)	강도	gang-do
extorsionar (vt)	갈취하다	gal-chwi-ha-da
extorsionista (m)	갈취자	gal-chwi-ja
extorsión (f)	갈취	gal-chwi
matar, asesinar (vt)	죽이다	ju-gi-da
asesinato (m)	살인	sa-rin
asesino (m)	살인자	sa-rin-ja
tiro (m), disparo (m)	발포	bal-po
disparar (vi)	쏘다	sso-da
matar (a tiros)	쏘아 죽이다	sso-a ju-gi-da
tirar (vi)	쏘다	sso-da
tiroteo (m)	발사	bal-sa
incidente (m)	사건	sa-geon
pelea (f)	몸싸움	mom-ssa-um
víctima (f)	희생자	hui-saeng-ja
perjudicar (vt)	해치다	hae-chi-da
daño (m)	피해	pi-hae
cadáver (m)	시신	si-sin
grave (un delito ~)	중대한	jung-dae-han
atacar (vt)	공격하다	gong-gyeo-ka-da
pegar (golpear)	때리다	ttae-ri-da
apporear (vt)	조지다	jo-ji-da
quitar (robar)	훔치다	hum-chi-da
acuchillar (vt)	찔러 죽이다	jjil-leo ju-gi-da
mutilar (vt)	불구로 만들다	bul-gu-ro man-deul-da
herir (vt)	부상을 입히다	bu-sang-eul ri-pi-da
chantaje (m)	공갈	gong-gal
hacer chantaje	공갈하다	gong-gal-ha-da
chantajista (m)	공갈범	gong-gal-beom

Español	Coreano	Romanización
extorsión (f)	폭력단의 갈취 행위	pong-nyeok-dan-ui gal-chwi haeng-wi
extorsionador (m)	모리배	mo-ri-bae
gángster (m)	갱	gaeng
mafia (f)	마피아	ma-pi-a
carterista (m)	소매치기	so-mae-chi-gi
ladrón (m) de viviendas	빈집털이범	bin-jip-teo-ri-beom
contrabandismo (m)	밀수입	mil-su-ip
contrabandista (m)	밀수입자	mil-su-ip-ja
falsificación (f)	위조	wi-jo
falsificar (vt)	위조하다	wi-jo-ha-da
falso (falsificado)	가짜의	ga-jja-ui

119. Violar la ley. Los criminales. Unidad 2

Español	Coreano	Romanización
violación (f)	강간	gang-gan
violar (vt)	강간하다	gang-gan-ha-da
violador (m)	강간범	gang-gan-beom
maniaco (m)	미치광이	mi-chi-gwang-i
prostituta (f)	매춘부	mae-chun-bu
prostitución (f)	매춘	mae-chun
chulo (m), proxeneta (m)	포주	po-ju
drogadicto (m)	마약 중독자	ma-yak jung-dok-ja
narcotraficante (m)	마약 밀매자	ma-yak mil-mae-ja
hacer explotar	폭발하다	pok-bal-ha-da
explosión (f)	폭발	pok-bal
incendiar (vt)	방화하다	bang-hwa-ha-da
incendiario (m)	방화범	bang-hwa-beom
terrorismo (m)	테러리즘	te-reo-ri-jeum
terrorista (m)	테러리스트	te-reo-ri-seu-teu
rehén (m)	볼모	bol-mo
estafar (vt)	속이다	so-gi-da
estafa (f)	사기	sa-gi
estafador (m)	사기꾼	sa-gi-kkun
sobornar (vt)	뇌물을 주다	noe-mu-reul ju-da
soborno (m) (delito)	뇌물 수수	noe-mul su-su
soborno (m) (dinero, etc.)	뇌물	noe-mul
veneno (m)	독	dok
envenenar (vt)	독살하다	dok-sal-ha-da
envenenarse (vr)	음독하다	eum-dok-a-da
suicidio (m)	자살	ja-sal
suicida (m, f)	자살자	ja-sal-ja
amenazar (vt)	협박하다	hyeop-bak-a-da
amenaza (f)	협박	hyeop-bak

atentar (vi)	살해를 꾀하다	sal-hae-reul kkoe-ha-da
atentado (m)	미수	mi-su
robar (un coche)	훔치는	hum-chi-da
secuestrar (un avión)	납치하다	nap-chi-ha-da
venganza (f)	복수	bok-su
vengar (vt)	복수하다	bok-su-ha-da
torturar (vt)	고문하다	go-mun-ha-da
tortura (f)	고문	go-mun
atormentar (vt)	괴롭히다	goe-ro-pi-da
pirata (m)	해적	hae-jeok
gamberro (m)	난동꾼	nan-dong-kkun
armado (adj)	무장한	mu-jang-han
violencia (f)	폭력	pong-nyeok
espionaje (m)	간첩행위	gan-cheo-paeng-wi
espiar (vi, vt)	간첩 행위를 하다	gan-cheop paeng-wi-reul ha-da

120. La policía. La ley. Unidad 1

justicia (f)	정의	jeong-ui
tribunal (m)	법정	beop-jeong
juez (m)	판사	pan-sa
jurados (m pl)	배심원	bae-sim-won
tribunal (m) de jurados	배심 재판	bae-sim jae-pan
juzgar (vt)	재판에 부치다	jae-pan-e bu-chi-da
abogado (m)	변호사	byeon-ho-sa
acusado (m)	피고	pi-go
banquillo (m) de los acusados	피고인석	pi-go-in-seok
inculpación (f)	혐의	hyeom-ui
inculpado (m)	형사 피고인	pi-go-in
sentencia (f)	형량	hyeong-nyang
sentenciar (vt)	선고하다	seon-go-ha-da
culpable (m)	유죄	yu-joe
castigar (vt)	처벌하다	cheo-beol-ha-da
castigo (m)	벌	beol
multa (f)	벌금	beol-geum
cadena (f) perpetua	종신형	jong-sin-hyeong
pena (f) de muerte	사형	sa-hyeong
silla (f) eléctrica	전기 의자	jeon-gi ui-ja
horca (f)	교수대	gyo-su-dae
ejecutar (vt)	집행하다	ji-paeng-ha-da
ejecución (f)	처형	cheo-hyeong

prisión (f)	교도소	gyo-do-so
celda (f)	감방	gam-bang
escolta (f)	호송	ho-song
guardia (m) de prisiones	간수	gan-su
prisionero (m)	죄수	joe-su
esposas (f pl)	수갑	su-gap
esposar (vt)	수갑을 채우다	su-ga-beul chae-u-da
escape (m)	탈옥	ta-rok
escaparse (vr)	탈옥하다	ta-rok-a-da
desaparecer (vi)	사라지다	sa-ra-ji-da
liberar (vt)	출옥하다	chu-rok-a-da
amnistía (f)	사면	sa-myeon
policía (f) (~ nacional)	경찰	gyeong-chal
policía (m)	경찰관	gyeong-chal-gwan
comisaría (f) de policía	경찰서	gyeong-chal-seo
porra (f)	경찰봉	gyeong-chal-bong
megáfono (m)	메가폰	me-ga-pon
coche (m) patrulla	순찰차	sun-chal-cha
sirena (f)	사이렌	sa-i-ren
poner la sirena	사이렌을 켜다	sa-i-re-neul kyeo-da
sonido (m) de sirena	사이렌 소리	sa-i-ren so-ri
escena (f) del delito	범죄현장	beom-joe-hyeon-jang
testigo (m)	목격자	mok-gyeok-ja
libertad (f)	자유	ja-yu
cómplice (m)	공범자	gong-beom-ja
escapar de ...	달아나다	da-ra-na-da
rastro (m)	흔적	heun-jeok

121. La policía. La ley. Unidad 2

búsqueda (f)	조사	jo-sa
buscar (~ el criminal)	... 를 찾다	... reul chat-da
sospecha (f)	혐의	hyeom-ui
sospechoso (adj)	의심스러운	ui-sim-seu-reo-un
parar (~ en la calle)	멈추다	meom-chu-da
retener (vt)	구류하다	gu-ryu-ha-da
causa (f) (~ penal)	판례	pal-lye
investigación (f)	조사	jo-sa
detective (m)	형사	hyeong-sa
investigador (m)	조사관	jo-sa-gwan
versión (f)	가설	ga-seol
motivo (m)	동기	dong-gi
interrogatorio (m)	심문	sim-mun
interrogar (vt)	신문하다	sin-mun-ha-da
interrogar (al testigo)	심문하다	sim-mun-ha-da
control (m) (de vehículos, etc.)	확인	hwa-gin

redada (f)	일제 검거	il-je geom-geo
registro (m) (~ de la casa)	수색	su-saek
persecución (f)	추적	chu-jeok
perseguir (vt)	추적하다	chu-jeok-a-da
rastrear (~ al criminal)	추적하다	chu-jeok-a-da
arresto (m)	체포	che-po
arrestar (vt)	체포하다	che-po-ha-da
capturar (vt)	붙잡다	but-jap-da
captura (f)	체포	che-po
documento (m)	서류	seo-ryu
prueba (f)	증거	jeung-geo
probar (vt)	증명하다	jeung-myeong-ha-da
huella (f) (pisada)	발자국	bal-ja-guk
huellas (f pl) digitales	지문	ji-mun
elemento (m) de prueba	증거물	jeung-geo-mul
coartada (f)	알리바이	al-li-ba-i
inocente (no culpable)	무죄인	mu-joe-in
injusticia (f)	부정	bu-jeong
injusto (adj)	부당한	bu-dang-han
criminal (adj)	범죄의	beom-joe-ui
confiscar (vt)	몰수하다	mol-su-ha-da
narcótico (m)	마약	ma-yak
arma (f)	무기	mu-gi
desarmar (vt)	무장해제하다	mu-jang-hae-je-ha-da
ordenar (vt)	명령하다	myeong-nyeong-ha-da
desaparecer (vi)	사라지다	sa-ra-ji-da
ley (f)	법률	beom-nyul
legal (adj)	합법적인	hap-beop-jeo-gin
ilegal (adj)	불법적인	bul-beop-jeo-gin
responsabilidad (f)	책임	chae-gim
responsable (adj)	책임 있는	chae-gim in-neun

LA NATURALEZA

La tierra. Unidad 1

122. El espacio

cosmos (m)	우주	u-ju
espacial, cósmico (adj)	우주의	u-ju-ui
espacio (m) cósmico	우주 공간	u-ju gong-gan
mundo (m)	세계	se-gye
universo (m)	우주	u-ju
galaxia (f)	은하	eun-ha
estrella (f)	별, 항성	byeol, hang-seong
constelación (f)	별자리	byeol-ja-ri
planeta (m)	행성	haeng-seong
satélite (m)	인공위성	in-gong-wi-seong
meteorito (m)	운석	un-seok
cometa (m)	혜성	hye-seong
asteroide (m)	소행성	so-haeng-seong
órbita (f)	궤도	gwe-do
girar (vi)	회전한다	hoe-jeon-han-da
atmósfera (f)	대기	dae-gi
Sol (m)	태양	tae-yang
sistema (m) solar	태양계	tae-yang-gye
eclipse (m) de Sol	일식	il-sik
Tierra (f)	지구	ji-gu
Luna (f)	달	dal
Marte (m)	화성	hwa-seong
Venus (f)	금성	geum-seong
Júpiter (m)	목성	mok-seong
Saturno (m)	토성	to-seong
Mercurio (m)	수성	su-seong
Urano (m)	천왕성	cheon-wang-seong
Neptuno (m)	해왕성	hae-wang-seong
Plutón (m)	명왕성	myeong-wang-seong
la Vía Láctea	은하수	eun-ha-su
la Osa Mayor	큰곰자리	keun-gom-ja-ri
la Estrella Polar	북극성	buk-geuk-seong
marciano (m)	화성인	hwa-seong-in
extraterrestre (m)	외계인	oe-gye-in

planetícola (m)	외계인	oe-gye-in
platillo (m) volante	비행 접시	bi-haeng jeop-si
nave (f) espacial	우주선	u-ju-seon
estación (f) orbital	우주 정거장	u-ju jeong-nyu-jang
motor (m)	엔진	en-jin
tobera (f)	노즐	no-jeul
combustible (m)	연료	yeol-lyo
carlinga (f)	조종석	jo-jong-seok
antena (f)	안테나	an-te-na
ventana (f)	현창	hyeon-chang
batería (f) solar	태양 전지	tae-yang jeon-ji
escafandra (f)	우주복	u-ju-bok
ingravidez (f)	무중력	mu-jung-nyeok
oxígeno (m)	산소	san-so
atraque (m)	도킹	do-king
realizar el atraque	도킹하다	do-king-ha-da
observatorio (m)	천문대	cheon-mun-dae
telescopio (m)	망원경	mang-won-gyeong
observar (vt)	관찰하다	gwan-chal-ha-da
explorar (~ el universo)	탐험하다	tam-heom-ha-da

123. La tierra

Tierra (f)	지구	ji-gu
globo (m) terrestre	지구	ji-gu
planeta (m)	행성	haeng-seong
atmósfera (f)	대기	dae-gi
geografía (f)	지리학	ji-ri-hak
naturaleza (f)	자연	ja-yeon
globo (m) terráqueo	지구의	ji-gu-ui
mapa (m)	지도	ji-do
atlas (m)	지도첩	ji-do-cheop
Europa (f)	유럽	yu-reop
Asia (f)	아시아	a-si-a
África (f)	아프리카	a-peu-ri-ka
Australia (f)	호주	ho-ju
América (f)	아메리카 대륙	a-me-ri-ka dae-ryuk
América (f) del Norte	북아메리카	bu-ga-me-ri-ka
América (f) del Sur	남아메리카	nam-a-me-ri-ka
Antártida (f)	남극 대륙	nam-geuk dae-ryuk
Ártico (m)	극지방	geuk-ji-bang

124. Los puntos cardinales

norte (m)	북쪽	buk-jjok
al norte	북쪽으로	buk-jjo-geu-ro
en el norte	북쪽에	buk-jjo-ge
del norte (adj)	북쪽의	buk-jjo-gui
sur (m)	남쪽	nam-jjok
al sur	남쪽으로	nam-jjo-geu-ro
en el sur	남쪽에	nam-jjo-ge
del sur (adj)	남쪽의	nam-jjo-gui
oeste (m)	서쪽	seo-jjok
al oeste	서쪽으로	seo-jjo-geu-ro
en el oeste	서쪽에	seo-jjo-ge
del oeste (adj)	서쪽의	seo-jjo-gui
este (m)	동쪽	dong-jjok
al este	동쪽으로	dong-jjo-geu-ro
en el este	동쪽에	dong-jjo-ge
del este (adj)	동쪽의	dong-jjo-gui

125. El mar. El océano

mar (m)	바다	ba-da
océano (m)	대양	dae-yang
golfo (m)	만	man
estrecho (m)	해협	hae-hyeop
continente (m)	대륙	dae-ryuk
isla (f)	섬	seom
península (f)	반도	ban-do
archipiélago (m)	군도	gun-do
bahía (f)	만	man
ensenada, bahía (f)	항구	hang-gu
laguna (f)	석호	seok-o
cabo (m)	곶	got
atolón (m)	환초	hwan-cho
arrecife (m)	암초	am-cho
coral (m)	산호	san-ho
arrecife (m) de coral	산호초	san-ho-cho
profundo (adj)	깊은	gi-peun
profundidad (f)	깊이	gi-pi
fosa (f) oceánica	해구	hae-gu
corriente (f)	해류	hae-ryu
bañar (rodear)	둘러싸다	dul-leo-ssa-da
orilla (f)	해변	hae-byeon
costa (f)	바닷가	ba-dat-ga

flujo (m)	밀물	mil-mul
reflujo (m)	썰물	sseol-mul
banco (m) de arena	모래톱	mo-rae-top
fondo (m)	해저	hae-jeo
ola (f)	파도	pa-do
cresta (f) de la ola	물마루	mul-ma-ru
espuma (f)	거품	geo-pum
huracán (m)	허리케인	heo-ri-ke-in
tsunami (m)	해일	hae-il
bonanza (f)	고요함	go-yo-ham
calmo, tranquilo	고요한	go-yo-han
polo (m)	극	geuk
polar (adj)	극지의	geuk-ji-ui
latitud (f)	위도	wi-do
longitud (f)	경도	gyeong-do
paralelo (m)	위도선	wi-do-seon
ecuador (m)	적도	jeok-do
cielo (m)	하늘	ha-neul
horizonte (m)	수평선	su-pyeong-seon
aire (m)	공기	gong-gi
faro (m)	등대	deung-dae
bucear (vi)	뛰어들다	ttwi-eo-deul-da
hundirse (vr)	가라앉다	ga-ra-an-da
tesoros (m pl)	보물	bo-mul

126. Los nombres de los mares y los océanos

océano (m) Atlántico	대서양	dae-seo-yang
océano (m) Índico	인도양	in-do-yang
océano (m) Pacífico	태평양	tae-pyeong-yang
océano (m) Glacial Ártico	북극해	buk-geuk-ae
mar (m) Negro	흑해	heuk-ae
mar (m) Rojo	홍해	hong-hae
mar (m) Amarillo	황해	hwang-hae
mar (m) Blanco	백해	baek-ae
mar (m) Caspio	카스피 해	ka-seu-pi hae
mar (m) Muerto	사해	sa-hae
mar (m) Mediterráneo	지중해	ji-jung-hae
mar (m) Egeo	에게 해	e-ge hae
mar (m) Adriático	아드리아 해	a-deu-ri-a hae
mar (m) Arábigo	아라비아 해	a-ra-bi-a hae
mar (m) del Japón	동해	dong-hae
mar (m) de Bering	베링 해	be-ring hae
mar (m) de la China Meridional	남중국해	nam-jung-guk-ae

mar (m) del Coral	산호해	san-ho-hae
mar (m) de Tasmania	태즈먼 해	tae-jeu-meon hae
mar (m) Caribe	카리브 해	ka-ri-beu hae
mar (m) de Barents	바렌츠 해	ba-ren-cheu hae
mar (m) de Kara	카라 해	ka-ra hae
mar (m) del Norte	북해	buk-ae
mar (m) Báltico	발트 해	bal-teu hae
mar (m) de Noruega	노르웨이 해	no-reu-we-i hae

127. Las montañas

montaña (f)	산	san
cadena (f) de montañas	산맥	san-maek
cresta (f) de montañas	능선	neung-seon
cima (f)	정상	jeong-sang
pico (m)	봉우리	bong-u-ri
pie (m)	기슭	gi-seuk
cuesta (f)	경사면	gyeong-sa-myeon
volcán (m)	화산	hwa-san
volcán (m) activo	활화산	hwal-hwa-san
volcán (m) apagado	사화산	sa-hwa-san
erupción (f)	폭발	pok-bal
cráter (m)	분화구	bun-hwa-gu
magma (m)	마그마	ma-geu-ma
lava (f)	용암	yong-am
fundido (lava ~a)	녹은	no-geun
cañón (m)	협곡	hyeop-gok
desfiladero (m)	협곡	hyeop-gok
grieta (f)	갈라진	gal-la-jin
puerto (m) (paso)	산길	san-gil
meseta (f)	고원	go-won
roca (f)	절벽	jeol-byeok
colina (f)	언덕, 작은 산	eon-deok, ja-geun san
glaciar (m)	빙하	bing-ha
cascada (f)	폭포	pok-po
geiser (m)	간헐천	gan-heol-cheon
lago (m)	호수	ho-su
llanura (f)	평원	pyeong-won
paisaje (m)	경관	gyeong-gwan
eco (m)	메아리	me-a-ri
alpinista (m)	등산가	deung-san-ga
escalador (m)	암벽 등반가	am-byeok deung-ban-ga
conquistar (vt)	정복하다	jeong-bok-a-da
ascensión (f)	등반	deung-ban

128. Los nombres de las montañas

Alpes (m pl)	알프스 산맥	al-peu-seu san-maek
Montblanc (m)	몽블랑 산	mong-beul-lang san
Pirineos (m pl)	피레네 산맥	pi-re-ne san-maek
Cárpatos (m pl)	카르파티아 산맥	ka-reu-pa-ti-a san-maek
Urales (m pl)	우랄 산맥	u-ral san-maek
Cáucaso (m)	코카서스 산맥	ko-ka-seo-seu san-maek
Elbrus (m)	엘브루스 산	el-beu-ru-seu san
Altai (m)	알타이 산맥	al-ta-i san-maek
Tian-Shan (m)	톈샨 산맥	ten-syan san-maek
Pamir (m)	파미르 고원	pa-mi-reu go-won
Himalayos (m pl)	히말라야 산맥	hi-mal-la-ya san-maek
Everest (m)	에베레스트 산	e-be-re-seu-teu san
Andes (m pl)	안데스 산맥	an-de-seu san-maek
Kilimanjaro (m)	킬리만자로 산	kil-li-man-ja-ro san

129. Los ríos

río (m)	강	gang
manantial (m)	샘	saem
lecho (m) (curso de agua)	강바닥	gang-ba-dak
cuenca (f) fluvial	유역	yu-yeok
desembocar en …	… 로 흘러가다	… ro heul-leo-ga-da
afluente (m)	지류	ji-ryu
ribera (f)	둑	duk
corriente (f)	흐름	heu-reum
río abajo (adv)	하류로	gang ha-ryu-ro
río arriba (adv)	상류로	sang-nyu-ro
inundación (f)	홍수	hong-su
riada (f)	홍수	hong-su
desbordarse (vr)	범람하다	beom-nam-ha-da
inundar (vt)	범람하다	beom-nam-ha-da
bajo (m) arenoso	얕은 곳	ya-teun got
rápido (m)	여울	yeo-ul
presa (f)	댐	daem
canal (m)	운하	un-ha
lago (m) artificiale	저수지	jeo-su-ji
esclusa (f)	수문	su-mun
cuerpo (m) de agua	저장 수량	jeo-jang su-ryang
pantano (m)	늪, 소택지	neup, so-taek-ji
ciénaga (f)	수렁	su-reong
remolino (m)	소용돌이	so-yong-do-ri
arroyo (m)	개울, 시내	gae-ul, si-nae

| potable (adj) | 마실 수 있는 | ma-sil su in-neun |
| dulce (agua ~) | 민물의 | min-mu-rui |

| hielo (m) | 얼음 | eo-reum |
| helarse (el lago, etc.) | 얼다 | eol-da |

130. Los nombres de los ríos

| Sena (m) | 센 강 | sen gang |
| Loira (m) | 루아르 강 | ru-a-reu gang |

Támesis (m)	템스 강	tem-seu gang
Rin (m)	라인 강	ra-in gang
Danubio (m)	도나우 강	do-na-u gang

Volga (m)	볼가 강	bol-ga gang
Don (m)	돈 강	don gang
Lena (m)	레나 강	re-na gang

Río (m) Amarillo	황허강	hwang-heo-gang
Río (m) Azul	양자강	yang-ja-gang
Mekong (m)	메콩 강	me-kong gang
Ganges (m)	갠지스 강	gaen-ji-seu gang

Nilo (m)	나일 강	na-il gang
Congo (m)	콩고 강	kong-go gang
Okavango (m)	오카방고 강	o-ka-bang-go gang
Zambeze (m)	잠베지 강	jam-be-ji gang
Limpopo (m)	림포포 강	rim-po-po gang

131. El bosque

| bosque (m) | 숲 | sup |
| de bosque (adj) | 산림의 | sal-li-mui |

espesura (f)	밀림	mil-lim
bosquecillo (m)	작은 숲	ja-geun sup
claro (m)	빈터	bin-teo

| maleza (f) | 덤불 | deom-bul |
| matorral (m) | 관목지 | gwan-mok-ji |

| senda (f) | 오솔길 | o-sol-gil |
| barranco (m) | 도랑 | do-rang |

árbol (m)	나무	na-mu
hoja (f)	잎	ip
follaje (m)	나뭇잎	na-mun-nip

caída (f) de hojas	낙엽	na-gyeop
caer (las hojas)	떨어지다	tteo-reo-ji-da
rama (f)	가지	ga-ji

rama (f) (gruesa)	큰 가지	keun ga-ji
brote (m)	잎눈	im-nun
aguja (f)	바늘	ba-neul
piña (f)	솔방울	sol-bang-ul
agujero (m)	구멍	gu-meong
nido (m)	둥지	dung-ji
tronco (m)	몸통	mom-tong
raíz (f)	뿌리	ppu-ri
corteza (f)	껍질	kkeop-jil
musgo (m)	이끼	i-kki
extirpar (vt)	수목을 통째 뽑다	su-mo-geul tong-jjae ppop-da
talar (vt)	자르다	ja-reu-da
deforestar (vt)	삼림을 없애다	sam-ni-meul reop-sae-da
tocón (m)	그루터기	geu-ru-teo-gi
hoguera (f)	모닥불	mo-dak-bul
incendio (m) forestal	산불	san-bul
apagar (~ el incendio)	끄다	kkeu-da
guarda (m) forestal	산림경비원	sal-lim-gyeong-bi-won
protección (f)	보호	bo-ho
proteger (vt)	보호하다	bo-ho-ha-da
cazador (m) furtivo	밀렵자	mil-lyeop-ja
cepo (m)	덫	deot
recoger (setas, bayas)	따다	tta-da
perderse (vr)	길을 잃다	gi-reul ril-ta

132. Los recursos naturales

recursos (m pl) naturales	천연 자원	cheo-nyeon ja-won
depósitos (m pl)	매장량	mae-jang-nyang
yacimiento (m)	지역	ji-yeok
extraer (vt)	채광하다	chae-gwang-ha-da
extracción (f)	막장일	mak-jang-il
mena (f)	광석	gwang-seok
mina (f)	광산	gwang-san
pozo (m) de mina	갱도	gaeng-do
minero (m)	광부	gwang-bu
gas (m)	가스	ga-seu
gasoducto (m)	가스관	ga-seu-gwan
petróleo (m)	석유	seo-gyu
oleoducto (m)	석유 파이프라인	seo-gyu pa-i-peu-ra-in
pozo (m) de petróleo	유정	yu-jeong
torre (f) de sondeo	유정탑	yu-jeong-tap
petrolero (m)	유조선	yu-jo-seon
arena (f)	모래	mo-rae
caliza (f)	석회석	seok-oe-seok

grava (f)	자갈	ja-gal
turba (f)	토탄	to-tan
arcilla (f)	점토	jeom-to
carbón (m)	석탄	seok-tan
hierro (m)	철	cheol
oro (m)	금	geum
plata (f)	은	eun
níquel (m)	니켈	ni-kel
cobre (m)	구리	gu-ri
zinc (m)	아연	a-yeon
manganeso (m)	망간	mang-gan
mercurio (m)	수은	su-eun
plomo (m)	납	nap
mineral (m)	광물	gwang-mul
cristal (m)	수정	su-jeong
mármol (m)	대리석	dae-ri-seok
uranio (m)	우라늄	u-ra-nyum

La tierra. Unidad 2

133. El tiempo

tiempo (m)	날씨	nal-ssi
previsión (f) del tiempo	일기 예보	il-gi ye-bo
temperatura (f)	온도	on-do
termómetro (m)	온도계	on-do-gye
barómetro (m)	기압계	gi-ap-gye
humedad (f)	습함, 습기	seu-pam, seup-gi
bochorno (m)	더위	deo-wi
tórrido (adj)	더운	deo-un
hace mucho calor	덥다	deop-da
hace calor (templado)	따뜻하다	tta-tteu-ta-da
templado (adj)	따뜻한	tta-tteu-tan
hace frío	춥다	chup-da
frío (adj)	추운	chu-un
sol (m)	해	hae
brillar (vi)	빛나다	bin-na-da
soleado (un día ~)	화창한	hwa-chang-han
elevarse (el sol)	뜨다	tteu-da
ponerse (vr)	지다	ji-da
nube (f)	구름	gu-reum
nuboso (adj)	구름의	gu-reum-ui
nublado (adj)	흐린	heu-rin
lluvia (f)	비	bi
está lloviendo	비가 오다	bi-ga o-da
lluvioso (adj)	비가 오는	bi-ga o-neun
lloviznar (vi)	이슬비가 내리다	i-seul-bi-ga nae-ri-da
aguacero (m)	억수	eok-su
chaparrón (m)	호우	ho-u
fuerte (la lluvia ~)	심한	sim-han
charco (m)	웅덩이	ung-deong-i
mojarse (vr)	젖다	jeot-da
niebla (f)	안개	an-gae
nebuloso (adj)	안개가 자욱한	an-gae-ga ja-uk-an
nieve (f)	눈	nun
está nevando	눈이 오다	nun-i o-da

134. Los eventos climáticos severos. Los desastres naturales

tormenta (f)	뇌우	noe-u
relámpago (m)	번개	beon-gae
relampaguear (vi)	번쩍이다	beon-jjeo-gi-da
trueno (m)	천둥	cheon-dung
tronar (vi)	천둥이 치다	cheon-dung-i chi-da
está tronando	천둥이 치다	cheon-dung-i chi-da
granizo (m)	싸락눈	ssa-rang-nun
está granizando	싸락눈이 내리다	ssa-rang-nun-i nae-ri-da
inundar (vt)	범람하다	beom-nam-ha-da
inundación (f)	홍수	hong-su
terremoto (m)	지진	ji-jin
sacudida (f)	진동	jin-dong
epicentro (m)	진앙	jin-ang
erupción (f)	폭발	pok-bal
lava (f)	용암	yong-am
torbellino (m)	회오리바람	hoe-o-ri-ba-ram
tornado (m)	토네이도	to-ne-i-do
tifón (m)	태풍	tae-pung
huracán (m)	허리케인	heo-ri-ke-in
tempestad (f)	폭풍우	pok-pung-u
tsunami (m)	해일	hae-il
incendio (m)	불	bul
catástrofe (f)	재해	jae-hae
meteorito (m)	운석	un-seok
avalancha (f)	눈사태	nun-sa-tae
alud (m) de nieve	눈사태	nun-sa-tae
ventisca (f)	눈보라	nun-bo-ra
nevasca (f)	눈보라	nun-bo-ra

La fauna

135. Los mamíferos. Los predadores

carnívoro (m)	육식 동물	yuk-sik dong-mul
tigre (m)	호랑이	ho-rang-i
león (m)	사자	sa-ja
lobo (m)	이리	i-ri
zorro (m)	여우	yeo-u
jaguar (m)	재규어	jae-gyu-eo
leopardo (m)	표범	pyo-beom
guepardo (m)	치타	chi-ta
puma (f)	퓨마	pyu-ma
leopardo (m) de las nieves	눈표범	nun-pyo-beom
lince (m)	스라소니	seu-ra-so-ni
coyote (m)	코요테	ko-yo-te
chacal (m)	재칼	jae-kal
hiena (f)	하이에나	ha-i-e-na

136. Los animales salvajes

animal (m)	동물	dong-mul
bestia (f)	짐승	jim-seung
ardilla (f)	다람쥐	da-ram-jwi
erizo (m)	고슴도치	go-seum-do-chi
liebre (f)	토끼	to-kki
conejo (m)	굴토끼	gul-to-kki
tejón (m)	오소리	o-so-ri
mapache (m)	너구리	neo-gu-ri
hámster (m)	햄스터	haem-seu-teo
marmota (f)	마멋	ma-meot
topo (m)	두더지	du-deo-ji
ratón (m)	생쥐	saeng-jwi
rata (f)	시궁쥐	si-gung-jwi
murciélago (m)	박쥐	bak-jwi
armiño (m)	북방족제비	buk-bang-jok-je-bi
cebellina (f)	검은담비	geo-meun-dam-bi
marta (f)	담비	dam-bi
visón (m)	밍크	ming-keu
castor (m)	비버	bi-beo
nutria (f)	수달	su-dal

caballo (m)	말	mal
alce (m)	엘크, 무스	el-keu, mu-seu
ciervo (m)	사슴	sa-seum
camello (m)	낙타	nak-ta
bisonte (m)	미국들소	mi-guk-deul-so
uro (m)	유럽들소	yu-reop-deul-so
búfalo (m)	물소	mul-so
cebra (f)	얼룩말	eol-lung-mal
antílope (m)	영양	yeong-yang
corzo (m)	노루	no-ru
gamo (m)	다마사슴	da-ma-sa-seum
gamuza (f)	샤모아	sya-mo-a
jabalí (m)	멧돼지	met-dwae-ji
ballena (f)	고래	go-rae
foca (f)	바다표범	ba-da-pyo-beom
morsa (f)	바다코끼리	ba-da-ko-kki-ri
oso (m) marino	물개	mul-gae
delfín (m)	돌고래	dol-go-rae
oso (m)	곰	gom
oso (m) blanco	북극곰	buk-geuk-gom
panda (f)	판다	pan-da
mono (m)	원숭이	won-sung-i
chimpancé (m)	침팬지	chim-paen-ji
orangután (m)	오랑우탄	o-rang-u-tan
gorila (m)	고릴라	go-ril-la
macaco (m)	마카크	ma-ka-keu
gibón (m)	긴팔원숭이	gin-pa-rwon-sung-i
elefante (m)	코끼리	ko-kki-ri
rinoceronte (m)	코뿔소	ko-ppul-so
jirafa (f)	기린	gi-rin
hipopótamo (m)	하마	ha-ma
canguro (m)	캥거루	kaeng-geo-ru
koala (f)	코알라	ko-al-la
mangosta (f)	몽구스	mong-gu-seu
chinchilla (f)	친칠라	chin-chil-la
mofeta (f)	스컹크	seu-keong-keu
espín (m)	호저	ho-jeo

137. Los animales domésticos

gata (f)	고양이	go-yang-i
gato (m)	수고양이	su-go-yang-i
caballo (m)	말	mal
garañón (m)	수말, 종마	su-mal, jong-ma
yegua (f)	암말	am-mal

vaca (f)	암소	am-so
toro (m)	황소	hwang-so
buey (m)	수소	su-so
oveja (f)	양, 암양	yang, a-myang
carnero (m)	수양	su-yang
cabra (f)	염소	yeom-so
cabrón (m)	숫염소	sun-nyeom-so
asno (m)	당나귀	dang-na-gwi
mulo (m)	노새	no-sae
cerdo (m)	돼지	dwae-ji
cerdito (m)	돼지 새끼	dwae-ji sae-kki
conejo (m)	집토끼	jip-to-kki
gallina (f)	암닭	am-tak
gallo (m)	수닭	su-tak
pato (m)	집오리	ji-bo-ri
ánade (m)	수오리	su-o-ri
ganso (m)	집거위	jip-geo-wi
pavo (m)	수칠면조	su-chil-myeon-jo
pava (f)	칠면조	chil-myeon-jo
animales (m pl) domésticos	가축	ga-chuk
domesticado (adj)	길들여진	gil-deu-ryeo-jin
domesticar (vt)	길들이다	gil-deu-ri-da
criar (vt)	사육하다, 기르다	sa-yuk-a-da, gi-reu-da
granja (f)	농장	nong-jang
aves (f pl) de corral	가금	ga-geum
ganado (m)	가축	ga-chuk
rebaño (m)	떼	tte
caballeriza (f)	마구간	ma-gu-gan
porqueriza (f)	돼지 우리	dwae-ji u-ri
vaquería (f)	외양간	oe-yang-gan
conejal (m)	토끼장	to-kki-jang
gallinero (m)	닭장	dak-jang

138. Los pájaros

pájaro (m)	새	sae
paloma (f)	비둘기	bi-dul-gi
gorrión (m)	참새	cham-sae
carbonero (m)	박새	bak-sae
urraca (f)	까치	kka-chi
cuervo (m)	갈가마귀	gal-ga-ma-gwi
corneja (f)	까마귀	kka-ma-gwi
chova (f)	갈가마귀	gal-ga-ma-gwi
grajo (m)	떼까마귀	ttae-kka-ma-gwi

pato (m)	오리	o-ri
ganso (m)	거위	geo-wi
faisán (m)	꿩	kkwong
águila (f)	독수리	dok-su-ri
azor (m)	매	mae
halcón (m)	매	mae
buitre (m)	독수리, 콘도르	dok-su-ri, kon-do-reu
cóndor (m)	콘도르	kon-do-reu
cisne (m)	백조	baek-jo
grulla (f)	두루미	du-ru-mi
cigüeña (f)	황새	hwang-sae
loro (m), papagayo (m)	앵무새	aeng-mu-sae
colibrí (m)	벌새	beol-sae
pavo (m) real	공작	gong-jak
avestruz (m)	타조	ta-jo
garza (f)	왜가리	wae-ga-ri
flamenco (m)	플라밍고	peul-la-ming-go
pelícano (m)	펠리컨	pel-li-keon
ruiseñor (m)	나이팅게일	na-i-ting-ge-il
golondrina (f)	제비	je-bi
tordo (m)	지빠귀	ji-ppa-gwi
zorzal (m)	노래지빠귀	no-rae-ji-ppa-gwi
mirlo (m)	대륙검은지빠귀	dae-ryuk-geo-meun-ji-ppa-gwi
vencejo (m)	칼새	kal-sae
alondra (f)	종다리	jong-da-ri
codorniz (f)	메추라기	me-chu-ra-gi
pájaro carpintero (m)	딱따구리	ttak-tta-gu-ri
cuco (m)	뻐꾸기	ppeo-kku-gi
lechuza (f)	올빼미	ol-ppae-mi
búho (m)	수리부엉이	su-ri-bu-eong-i
urogallo (m)	큰뇌조	keun-noe-jo
gallo lira (m)	멧닭	met-dak
perdiz (f)	자고	ja-go
estornino (m)	찌르레기	jji-reu-re-gi
canario (m)	카나리아	ka-na-ri-a
pinzón (m)	되새	doe-sae
camachuelo (m)	피리새	pi-ri-sae
gaviota (f)	갈매기	gal-mae-gi
albatros (m)	신천옹	sin-cheon-ong
pingüino (m)	펭귄	peng-gwin

139. Los peces. Los animales marinos

brema (f)	도미류	do-mi-ryu
carpa (f)	잉어	ing-eo

perca (f)	농어의 일종	nong-eo-ui il-jong
siluro (m)	메기	me-gi
lucio (m)	북부민물꼬치고기	buk-bu-min-mul-kko-chi-go-gi
salmón (m)	연어	yeon-eo
esturión (m)	철갑상어	cheol-gap-sang-eo
arenque (m)	청어	cheong-eo
salmón (m) del Atlántico	대서양 연어	dae-seo-yang yeon-eo
caballa (f)	고등어	go-deung-eo
lenguado (m)	넙치	neop-chi
bacalao (m)	대구	dae-gu
atún (m)	참치	cham-chi
trucha (f)	송어	song-eo
anguila (f)	뱀장어	baem-jang-eo
raya (f) eléctrica	시끈가오리	si-kkeun-ga-o-ri
morena (f)	곰치	gom-chi
piraña (f)	피라니아	pi-ra-ni-a
tiburón (m)	상어	sang-eo
delfín (m)	돌고래	dol-go-rae
ballena (f)	고래	go-rae
centolla (f)	게	ge
medusa (f)	해파리	hae-pa-ri
pulpo (m)	낙지	nak-ji
estrella (f) de mar	불가사리	bul-ga-sa-ri
erizo (m) de mar	성게	seong-ge
caballito (m) de mar	해마	hae-ma
ostra (f)	굴	gul
camarón (m)	새우	sae-u
bogavante (m)	바닷가재	ba-dat-ga-jae
langosta (f)	대하	dae-ha

140. Los anfibios. Los reptiles

serpiente (f)	뱀	baem
venenoso (adj)	독이 있는	do-gi in-neun
víbora (f)	살무사	sal-mu-sa
cobra (f)	코브라	ko-beu-ra
pitón (m)	비단뱀	bi-dan-baem
boa (f)	보아	bo-a
culebra (f)	풀뱀	pul-baem
serpiente (m) de cascabel	방울뱀	bang-ul-baem
anaconda (f)	아나콘다	a-na-kon-da
lagarto (m)	도마뱀	do-ma-baem
iguana (f)	이구아나	i-gu-a-na

salamandra (f)	도롱뇽	do-rong-nyong
camaleón (m)	카멜레온	ka-mel-le-on
escorpión (m)	전갈	jeon-gal
tortuga (f)	거북	geo-buk
rana (f)	개구리	gae-gu-ri
sapo (m)	두꺼비	du-kkeo-bi
cocodrilo (m)	악어	a-geo

141. Los insectos

insecto (m)	곤충	gon-chung
mariposa (f)	나비	na-bi
hormiga (f)	개미	gae-mi
mosca (f)	파리	pa-ri
mosquito (m) (picadura de ~)	모기	mo-gi
escarabajo (m)	딱정벌레	ttak-jeong-beol-le
avispa (f)	말벌	mal-beol
abeja (f)	꿀벌	kkul-beol
abejorro (m)	호박벌	ho-bak-beol
moscardón (m)	쇠파리	soe-pa-ri
araña (f)	거미	geo-mi
telaraña (f)	거미줄	geo-mi-jul
libélula (f)	잠자리	jam-ja-ri
saltamontes (m)	메뚜기	me-ttu-gi
mariposa (f) nocturna	나방	na-bang
cucaracha (f)	바퀴벌레	ba-kwi-beol-le
garrapata (f)	진드기	jin-deu-gi
pulga (f)	벼룩	byeo-ruk
mosca (f) negra	깔따구	kkal-tta-gu
langosta (f)	메뚜기	me-ttu-gi
caracol (m)	달팽이	dal-paeng-i
grillo (m)	귀뚜라미	gwi-ttu-ra-mi
luciérnaga (f)	개똥벌레	gae-ttong-beol-le
mariquita (f)	무당벌레	mu-dang-beol-le
sanjuanero (m)	왕풍뎅이	wang-pung-deng-i
sanguijuela (f)	거머리	geo-meo-ri
oruga (f)	애벌레	ae-beol-le
lombriz (m) de tierra	지렁이	ji-reong-i
larva (f)	애벌레	ae-beol-le

La flora

142. Los árboles

árbol (m)	나무	na-mu
foliáceo (adj)	낙엽수의	na-gyeop-su-ui
conífero (adj)	침엽수의	chi-myeop-su-ui
de hoja perenne	상록의	sang-no-gui
manzano (m)	사과나무	sa-gwa-na-mu
peral (m)	배나무	bae-na-mu
cerezo (m), guindo (m)	벚나무	beon-na-mu
ciruelo (m)	자두나무	ja-du-na-mu
abedul (m)	자작나무	ja-jang-na-mu
roble (m)	오크	o-keu
tilo (m)	보리수	bo-ri-su
pobo (m)	사시나무	sa-si-na-mu
arce (m)	단풍나무	dan-pung-na-mu
pícea (f)	가문비나무	ga-mun-bi-na-mu
pino (m)	소나무	so-na-mu
alerce (m)	낙엽송	na-gyeop-song
abeto (m)	전나무	jeon-na-mu
cedro (m)	시다	si-da
álamo (m)	포플러	po-peul-leo
serbal (m)	마가목	ma-ga-mok
sauce (m)	버드나무	beo-deu-na-mu
aliso (m)	오리나무	o-ri-na-mu
haya (f)	너도밤나무	neo-do-bam-na-mu
olmo (m)	느릅나무	neu-reum-na-mu
fresno (m)	물푸레나무	mul-pu-re-na-mu
castaño (m)	밤나무	bam-na-mu
magnolia (f)	목련	mong-nyeon
palmera (f)	야자나무	ya-ja-na-mu
ciprés (m)	사이프러스	sa-i-peu-reo-seu
mangle (m)	맹그로브	maeng-geu-ro-beu
baobab (m)	바오밥나무	ba-o-bam-na-mu
eucalipto (m)	유칼립투스	yu-kal-lip-tu-seu
secoya (f)	세쿼이아	se-kwo-i-a

143. Los arbustos

mata (f)	덤불	deom-bul
arbusto (m)	관목	gwan-mok

vid (f)	포도 덩굴	po-do deong-gul
viñedo (m)	포도밭	po-do-bat
frambueso (m)	라즈베리	ra-jeu-be-ri
grosellero (m) rojo	레드커런트 나무	re-deu-keo-reon-teu na-mu
grosellero (m) espinoso	구스베리 나무	gu-seu-be-ri na-mu
acacia (f)	아카시아	a-ka-si-a
berberís (m)	매자나무	mae-ja-na-mu
jazmín (m)	재스민	jae-seu-min
enebro (m)	두송	du-song
rosal (m)	장미 덤불	jang-mi deom-bul
escaramujo (m)	찔레나무	jjil-le-na-mu

144. Las frutas. Las bayas

manzana (f)	사과	sa-gwa
pera (f)	배	bae
ciruela (f)	자두	ja-du
fresa (f)	딸기	ttal-gi
guinda (f)	신양	si-nyang
cereza (f)	양벚나무	yang-beon-na-mu
uva (f)	포도	po-do
frambuesa (f)	라즈베리	ra-jeu-be-ri
grosella (f) negra	블랙커렌트	beul-laek-keo-ren-teu
grosella (f) roja	레드커렌트	re-deu-keo-ren-teu
grosella (f) espinosa	구스베리	gu-seu-be-ri
arándano (m) agrio	크랜베리	keu-raen-be-ri
naranja (f)	오렌지	o-ren-ji
mandarina (f)	귤	gyul
piña (f)	파인애플	pa-in-ae-peul
banana (f)	바나나	ba-na-na
dátil (m)	대추야자	dae-chu-ya-ja
limón (m)	레몬	re-mon
albaricoque (m)	살구	sal-gu
melocotón (m)	복숭아	bok-sung-a
kiwi (m)	키위	ki-wi
toronja (f)	자몽	ja-mong
baya (f)	장과	jang-gwa
bayas (f pl)	장과류	jang-gwa-ryu
arándano (m) rojo	월귤나무	wol-gyul-la-mu
fresa (f) silvestre	야생딸기	ya-saeng-ttal-gi
arándano (m)	빌베리	bil-be-ri

145. Las flores. Las plantas

flor (f)	꽃	kkot
ramo (m) de flores	꽃다발	kkot-da-bal

rosa (f)	장미	jang-mi
tulipán (m)	튤립	tyul-lip
clavel (m)	카네이션	ka-ne-i-syeon
gladiolo (m)	글라디올러스	geul-la-di-ol-leo-seu
aciano (m)	수레국화	su-re-guk-wa
campanilla (f)	실잔대	sil-jan-dae
diente (m) de león	민들레	min-deul-le
manzanilla (f)	캐모마일	kae-mo-ma-il
áloe (m)	알로에	al-lo-e
cacto (m)	선인장	seon-in-jang
ficus (m)	고무나무	go-mu-na-mu
azucena (f)	백합	baek-ap
geranio (m)	제라늄	je-ra-nyum
jacinto (m)	히아신스	hi-a-sin-seu
mimosa (f)	미모사	mi-mo-sa
narciso (m)	수선화	su-seon-hwa
capuchina (f)	한련	hal-lyeon
orquídea (f)	난초	nan-cho
peonía (f)	모란	mo-ran
violeta (f)	바이올렛	ba-i-ol-let
trinitaria (f)	팬지	paen-ji
nomeolvides (f)	물망초	mul-mang-cho
margarita (f)	데이지	de-i-ji
amapola (f)	양귀비	yang-gwi-bi
cáñamo (m)	삼	sam
menta (f)	박하	bak-a
muguete (m)	은방울꽃	eun-bang-ul-kkot
campanilla (f) de las nieves	스노드롭	seu-no-deu-rop
ortiga (f)	쐐기풀	sswae-gi-pul
acedera (f)	수영	su-yeong
nenúfar (m)	수련	su-ryeon
helecho (m)	고사리	go-sa-ri
liquen (m)	이끼	i-kki
invernadero (m) tropical	온실	on-sil
césped (m)	잔디	jan-di
macizo (m) de flores	꽃밭	kkot-bat
planta (f)	식물	sing-mul
hierba (f)	풀	pul
hoja (f) de hierba	풀잎	pu-rip
hoja (f)	잎	ip
pétalo (m)	꽃잎	kko-chip
tallo (m)	줄기	jul-gi
tubérculo (m)	구근	gu-geun
retoño (m)	새싹	sae-ssak

espina (f)	가시	ga-si
florecer (vi)	피우다	pi-u-da
marchitarse (vr)	시들다	si-deul-da
olor (m)	향기	hyang-gi
cortar (vt)	자르다	ja-reu-da
coger (una flor)	따다	tta-da

146. Los cereales, los granos

grano (m)	곡물	gong-mul
cereales (m pl) (plantas)	곡류	gong-nyu
espiga (f)	이삭	i-sak
trigo (m)	밀	mil
centeno (m)	호밀	ho-mil
avena (f)	귀리	gwi-ri
mijo (m)	수수, 기장	su-su, gi-jang
cebada (f)	보리	bo-ri
maíz (m)	옥수수	ok-su-su
arroz (m)	쌀	ssal
alforfón (m)	메밀	me-mil
guisante (m)	완두	wan-du
fréjol (m)	강낭콩	gang-nang-kong
soya (f)	콩	kong
lenteja (f)	렌즈콩	ren-jeu-kong
habas (f pl)	콩	kong

LOS PAÍSES. LAS NACIONALIDADES

147. Europa occidental

Europa (f)	유럽	yu-reop
Unión (f) Europea	유럽 연합	yu-reop byeon-hap
Austria (f)	오스트리아	o-seu-teu-ri-a
Gran Bretaña (f)	영국	yeong-guk
Inglaterra (f)	잉글랜드	ing-geul-laen-deu
Bélgica (f)	벨기에	bel-gi-e
Alemania (f)	독일	do-gil
Países Bajos (m pl)	네덜란드	ne-deol-lan-deu
Holanda (f)	네덜란드	ne-deol-lan-deu
Grecia (f)	그리스	geu-ri-seu
Dinamarca (f)	덴마크	den-ma-keu
Irlanda (f)	아일랜드	a-il-laen-deu
Islandia (f)	아이슬란드	a-i-seul-lan-deu
España (f)	스페인	seu-pe-in
Italia (f)	이탈리아	i-tal-li-a
Chipre (m)	키프로스	ki-peu-ro-seu
Malta (f)	몰타	mol-ta
Noruega (f)	노르웨이	no-reu-we-i
Portugal (m)	포르투갈	po-reu-tu-gal
Finlandia (f)	핀란드	pil-lan-deu
Francia (f)	프랑스	peu-rang-seu
Suecia (f)	스웨덴	seu-we-den
Suiza (f)	스위스	seu-wi-seu
Escocia (f)	스코틀랜드	seu-ko-teul-laen-deu
Vaticano (m)	바티칸	ba-ti-kan
Liechtenstein (m)	리히텐슈타인	ri-hi-ten-syu-ta-in
Luxemburgo (m)	룩셈부르크	ruk-sem-bu-reu-keu
Mónaco (m)	모나코	mo-na-ko

148. Europa central y oriental

Albania (f)	알바니아	al-ba-ni-a
Bulgaria (f)	불가리아	bul-ga-ri-a
Hungría (f)	헝가리	heong-ga-ri
Letonia (f)	라트비아	ra-teu-bi-a
Lituania (f)	리투아니아	ri-tu-a-ni-a
Polonia (f)	폴란드	pol-lan-deu

Rumania (f)	루마니아	ru-ma-ni-a
Serbia (f)	세르비아	se-reu-bi-a
Eslovaquia (f)	슬로바키아	seul-lo-ba-ki-a
Croacia (f)	크로아티아	keu-ro-a-ti-a
Chequia (f)	체코	che-ko
Estonia (f)	에스토니아	e-seu-to-ni-a
Bosnia y Herzegovina	보스니아 헤르체코비나	bo-seu-ni-a he-reu-che-ko-bi-na
Macedonia	마케도니아	ma-ke-do-ni-a
Eslovenia	슬로베니아	seul-lo-be-ni-a
Montenegro (m)	몬테네그로	mon-te-ne-geu-ro

149. Los países de la antes Unión Soviética

Azerbaiyán (m)	아제르바이잔	a-je-reu-ba-i-jan
Armenia (f)	아르메니아	a-reu-me-ni-a
Bielorrusia (f)	벨로루시	bel-lo-ru-si
Georgia (f)	그루지야	geu-ru-ji-ya
Kazajstán (m)	카자흐스탄	ka-ja-heu-seu-tan
Kirguizistán (m)	키르기스스탄	ki-reu-gi-seu-seu-tan
Moldavia (f)	몰도바	mol-do-ba
Rusia (f)	러시아	reo-si-a
Ucrania (f)	우크라이나	u-keu-ra-i-na
Tayikistán (m)	타지키스탄	ta-ji-ki-seu-tan
Turkmenistán (m)	투르크메니스탄	tu-reu-keu-me-ni-seu-tan
Uzbekistán (m)	우즈베키스탄	u-jeu-be-ki-seu-tan

150. Asia

Asia (f)	아시아	a-si-a
Vietnam (m)	베트남	be-teu-nam
India (f)	인도	in-do
Israel (m)	이스라엘	i-seu-ra-el
China (f)	중국	jung-guk
Líbano (m)	레바논	re-ba-non
Mongolia (f)	몽골	mong-gol
Malasia (f)	말레이시아	mal-le-i-si-a
Pakistán (m)	파키스탄	pa-ki-seu-tan
Arabia (f) Saudita	사우디아라비아	sa-u-di-a-ra-bi-a
Tailandia (f)	태국	tae-guk
Taiwán (m)	대만	dae-man
Turquía (f)	터키	teo-ki
Japón (m)	일본	il-bon

Afganistán (m)	아프가니스탄	a-peu-ga-ni-seu-tan
Bangladesh (m)	방글라데시	bang-geul-la-de-si
Indonesia (f)	인도네시아	in-do-ne-si-a
Jordania (f)	요르단	yo-reu-dan
Irak (m)	이라크	i-ra-keu
Irán (m)	이란	i-ran
Camboya (f)	캄보디아	kam-bo-di-a
Kuwait (m)	쿠웨이트	ku-we-i-teu
Laos (m)	라오스	ra-o-seu
Myanmar (m)	미얀마	mi-yan-ma
Nepal (m)	네팔	ne-pal
Emiratos (m pl) Árabes Unidos	아랍에미리트	a-ra-be-mi-ri-teu
Siria (f)	시리아	si-ri-a
Palestina (f)	팔레스타인	pal-le-seu-ta-in
Corea (f) del Sur	한국	han-guk
Corea (f) del Norte	북한	buk-an

151. América del Norte

Estados Unidos de América (m pl)	미국	mi-guk
Canadá (f)	캐나다	kae-na-da
Méjico (m)	멕시코	mek-si-ko

152. Centroamérica y Sudamérica

Argentina (f)	아르헨티나	a-reu-hen-ti-na
Brasil (m)	브라질	beu-ra-jil
Colombia (f)	콜롬비아	kol-lom-bi-a
Cuba (f)	쿠바	ku-ba
Chile (m)	칠레	chil-le
Bolivia (f)	볼리비아	bol-li-bi-a
Venezuela (f)	베네수엘라	be-ne-su-el-la
Paraguay (m)	파라과이	pa-ra-gwa-i
Perú (m)	페루	pe-ru
Surinam (m)	수리남	su-ri-nam
Uruguay (m)	우루과이	u-ru-gwa-i
Ecuador (m)	에콰도르	e-kwa-do-reu
Islas (f pl) Bahamas	바하마	ba-ha-ma
Haití (m)	아이티	a-i-ti
República (f) Dominicana	도미니카 공화국	do-mi-ni-ka gong-hwa-guk
Panamá (f)	파나마	pa-na-ma
Jamaica (f)	자메이카	ja-me-i-ka

153. África

Egipto (m)	이집트	i-jip-teu
Marruecos (m)	모로코	mo-ro-ko
Túnez (m)	튀니지	twi-ni-ji
Ghana (f)	가나	ga-na
Zanzíbar (m)	잔지바르	jan-ji-ba-reu
Kenia (f)	케냐	ke-nya
Libia (f)	리비아	ri-bi-a
Madagascar (m)	마다가스카르	ma-da-ga-seu-ka-reu
Namibia (f)	나미비아	na-mi-bi-a
Senegal (m)	세네갈	se-ne-gal
Tanzania (f)	탄자니아	tan-ja-ni-a
República (f) Sudafricana	남아프리카 공화국	nam-a-peu-ri-ka gong-hwa-guk

154. Australia. Oceanía

Australia (f)	호주	ho-ju
Nueva Zelanda (f)	뉴질랜드	nyu-jil-laen-deu
Tasmania (f)	태즈메이니아	tae-jeu-me-i-ni-a
Polinesia (f) Francesa	폴리네시아	pol-li-ne-si-a

155. Las ciudades

Ámsterdam	암스테르담	am-seu-te-reu-dam
Ankara	앙카라	ang-ka-ra
Atenas	아테네	a-te-ne
Bagdad	바그다드	ba-geu-da-deu
Bangkok	방콕	bang-kok
Barcelona	바르셀로나	ba-reu-sel-lo-na
Beirut	베이루트	be-i-ru-teu
Berlín	베를린	be-reul-lin
Mumbai	봄베이, 뭄바이	bom-be-i, mum-ba-i
Bonn	본	bon
Bratislava	브라티슬라바	beu-ra-ti-seul-la-ba
Bruselas	브뤼셀	beu-rwi-sel
Bucarest	부쿠레슈티	bu-ku-re-syu-ti
Budapest	부다페스트	bu-da-pe-seu-teu
Burdeos	보르도	bo-reu-do
El Cairo	카이로	ka-i-ro
Calcuta	캘커타	kael-keo-ta
Chicago	시카고	si-ka-go
Copenhague	코펜하겐	ko-pen-ha-gen
Dar-es-Salam	다르에스살람	da-reu-e-seu-sal-lam

Delhi	델리	del-li
Dubai	두바이	du-ba-i
Dublín	더블린	deo-beul-lin
Dusseldorf	뒤셀도르프	dwi-sel-do-reu-peu
Estambul	이스탄불	i-seu-tan-bul
Estocolmo	스톡홀름	seu-tok-ol-leum
Florencia	플로렌스	peul-lo-ren-seu
Fráncfort del Meno	프랑크푸르트	peu-rang-keu-pu-reu-teu
Ginebra	제네바	je-ne-ba
La Habana	아바나	a-ba-na
Hamburgo	함부르크	ham-bu-reu-keu
Hanói	하노이	ha-no-i
La Haya	헤이그	he-i-geu
Helsinki	헬싱키	hel-sing-ki
Hiroshima	히로시마	hi-ro-si-ma
Hong Kong	홍콩	hong-kong
Jerusalén	예루살렘	ye-ru-sal-lem
Kiev	키예프	ki-ye-peu
Kuala Lumpur	콸라룸푸르	kwal-la-rum-pu-reu
Lisboa	리스본	ri-seu-bon
Londres	런던	reon-deon
Los Ángeles	로스앤젤레스	ro-seu-aen-jel-le-seu
Lyon	리옹	ri-ong
Madrid	마드리드	ma-deu-ri-deu
Marsella	마르세유	ma-reu-se-yu
Ciudad de México	멕시코시티	mek-si-ko-si-ti
Miami	마이애미	ma-i-ae-mi
Montreal	몬트리올	mon-teu-ri-ol
Moscú	모스크바	mo-seu-keu-ba
Múnich	뮌헨	mwin-hen
Nairobi	나이로비	na-i-ro-bi
Nápoles	나폴리	na-pol-li
Niza	니스	ni-seu
Nueva York	뉴욕	nyu-yok
Oslo	오슬로	o-seul-lo
Ottawa	오타와	o-ta-wa
París	파리	pa-ri
Pekín	베이징	be-i-jing
Praga	프라하	peu-ra-ha
Río de Janeiro	리우데자네이루	ri-u-de-ja-ne-i-ru
Roma	로마	ro-ma
San Petersburgo	상트페테르부르크	sang-teu-pe-te-reu-bu-reu-keu
Seúl	서울	seo-ul
Shanghái	상하이	sang-ha-i
Singapur	싱가포르	sing-ga-po-reu
Sydney	시드니	si-deu-ni
Taipei	타이베이	ta-i-be-i

Tokio	도쿄	do-kyo
Toronto	토론토	to-ron-to
Varsovia	바르샤바	ba-reu-sya-ba
Venecia	베니스	be-ni-seu
Viena	빈	bin
Washington	워싱턴	wo-sing-teon

www.ingramcontent.com/pod-product-compliance
Lightning Source LLC
Chambersburg PA
CBHW070601050426
42450CB00011B/2940